ドイツはなぜ日本を抜き「世界3位」になれたのか

“GDP逆転”納得の理由

熊谷 徹

ワニブックス
PLUS新書

はじめに

２０２４年２月、あるニュースが、多くの日本人の注目を集めた。日本の２０２３年の名目国内総生産（ＧＤＰ）がドイツに抜かれて、世界第４位になったのだ。ドイツの人口（約８４７０万人）は、日本（約１億２４００万人）の３分の２。日本よりも人口が約32％少ない国に、追い越された。

日本のメディアがドイツに関するニュースを取り上げることは少ない。しかしこのニュースは、日本で比較的大きく取り上げられた。新聞社や放送局の経済部のデスクたちは、「日本経済の苦戦ぶりを示すニュースだ」として、扱う価値があると考えたのだろう。ソーシャルメディアの世界でも、「残念だ」とか「ついにここまで……」という溜息にも似たコメントがよく見られた。問題は、順位が逆転した理由だ。私は日本の新聞記事やテレビニュースで、日本がドイツに抜かれた理由として、ドイツのインフレや円安が前面に押し出されていると感じた。このため我が国では、物価上昇率や為替レートの違いが、順位逆転の主な原因と考えている人が多いようだ。

だが今回の順位逆転劇の根本的な理由は、それだけではない。長期的データを分析すれば、21世紀に入ってからの日独間の〝成長率の格差〟が最大の原因であることがわかる。しかも成長率の低下に悩んでいるのは日本だけではない。今回第3位になったドイツも将来の成長率をめぐり、深刻な問題を抱えている。特にロシアのウクライナ侵攻は、ドイツを過去20年間で最悪の不況に陥れた。まもなく日独の名目GDPの順位は、ともに下がっていくだろう。

日本とドイツは、「過去の栄光を失いつつある物づくり大国」という共通点がある。私は、名目GDPの順位逆転をきっかけとして、日本が将来進むべき道について皆さんと一緒に考えてみようと思い、この本を書くことにした。

ミュンヘンにて　2024年6月　熊谷　徹

※為替レートは、1ユーロ＝170円、1ドル＝160円で統一した。

目次

第4章　円安とドイツのインフレも順位逆転の一因

第5章　ドイツ経済の危機…………95

第6章　日独再生のカギは高技能移民受け入れとＤＸ……135

あとがき

第1章　55年ぶりにドイツが日本を抜いた

「逆転」の一報は国外から

「順位逆転」の第一報は、2023年秋に外国から飛び込んできた。2023年10月10日、国際通貨基金（IMF）は、世界経済見通し（WEO）10月版を公表した。IMFはこの中で、「2023年のドイツの名目GDPが、55年ぶりに日本を抜いて、世界第3位になる」という見通しを明らかにした。

IMFはそれから約6カ月後の2024年4月21日に公表したWEOの中で、「ドイツ第3位・日本第4位」を確認した。

IMFが発表した統計によると、ドイツの名目GDPは4兆4574億ドルで、米国・中国に次いで第3位。日本は4兆2129億ドルで第4位に転落（図表1－1）。ドイツの名目GDPは、日本を5・8%上回った。ドイツのの名目GDPは前年比で9・1%増え、日本は前年比で1%減った。

1968年には日本の名目GDPが当時の西ドイツを追い抜いて、世界第2位になった。日本の名目GDPは2010年に中国に追い抜かれて世界第3位に転落したが、そ

図表1-1　2023年の主要国の名目GDP(億ドル)

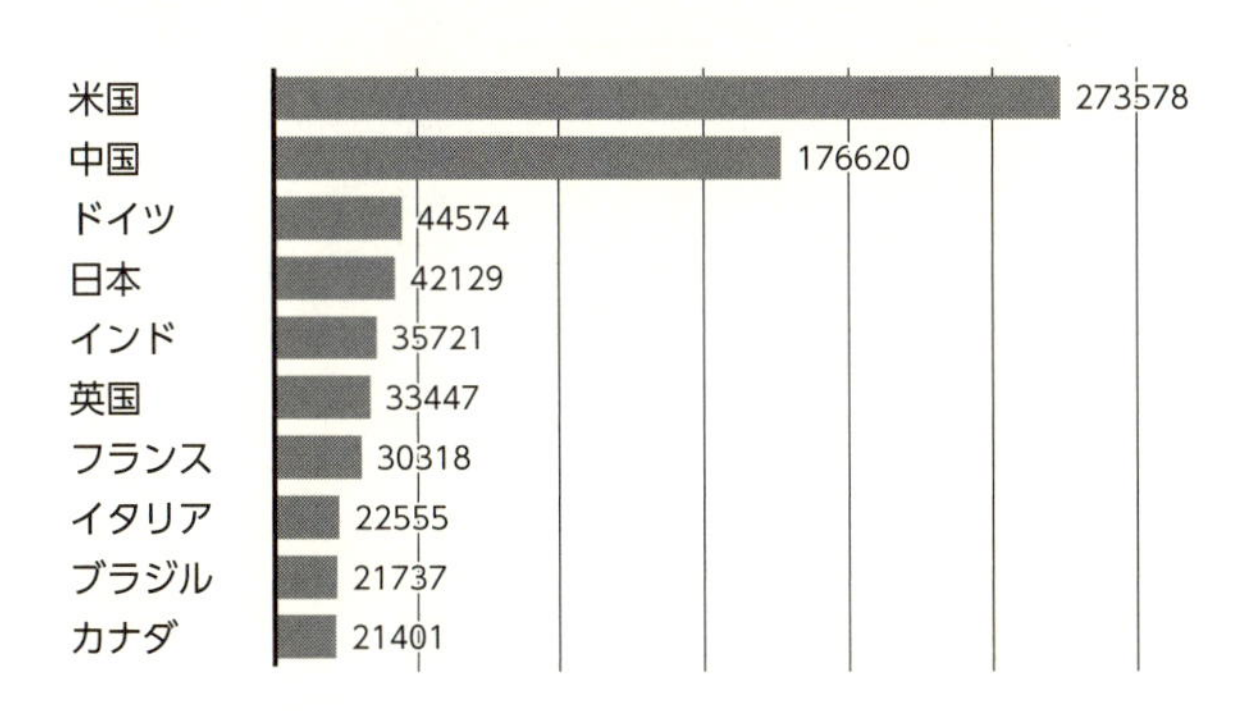

出所:IMF世界経済見通し　2024年4月21日発表

れから13年後の２０２３年には第４位に下落した。55年ぶりに、日本とドイツの順位が入れ替わったのだ。

内閣府もＩＭＦの最初の発表から４カ月後の２０２４年２月15日に、「日本の２０２３年の名目ＧＤＰは５９１・４兆円で、ドルに換算すると４兆２１０６億ドルだった。ドイツ（４兆４５６１億ドル）よりも少なくなり、第４位になった」と発表した。日本政府が２０２４年２月に発表したドル建てのＧＤＰがＩＭＦの２０２４年４月の発表と異なる理由は、ドルへの交換レートの違いによるものと思われる。

ちなみにＩＭＦは、２０２５年に日本の

名目GDPがインドにも抜かれて、世界第5位になると予想している。ドイツの未来も決してバラ色ではない。2027年にはドイツもインドに抜かれ、世界第4位になる。つまり日独ともに沈んでいく。

日本が輝いていた時代の終わり?

日本人、特に昭和時代に生まれた人は、「日本の名目GDPがドイツに抜かれた」と聞いて、特別な感慨を抱くかもしれない。私もその一人だ。日本の第4位への転落という言葉には、一時代の終わりを示す響きがある。

日本とドイツには、いくつかの共通点がある。両国はともに20世紀前半に無謀な侵略戦争を始めた。両国はイタリアを交えて日独伊防共協定を結び、同盟国となった。日独は周辺の国々を侵略して多数の犠牲者を出し、兵力・物量で勝る連合国を相手に勝ち目のない戦いを挑んで無条件降伏した。ドイツは軍人・民間人合わせて約700万人、日本は約300万人の死者を出した。多くの大都市が空襲で焦土と化し、産業は壊滅状態になった。

だが戦後には両国とも、勤勉実直な国民性、物づくりに懸けるクラフツマンシップ（職人気質）、創意工夫を発揮して焼け跡から這い上がり、奇跡的な経済復興を実現した。ドイツは米国とソ連の冷戦の影響で、国土を東西に分割される憂き目を見たが、日本は分割を経験せずに済んだ。日本は西ドイツと同じく東西冷戦では米国の陣営に組み込まれ、共産主義陣営の拡大を食い止める防波堤の一部になった。米国からの援助や、朝鮮戦争などによる特需も、日独の復興を加速する追い風となった。

日本の名目ＧＤＰが西ドイツを追い抜いた１９６０年代は、日本が経済大国の仲間入りをした時代だった。１９６４年には東京オリンピックが開催され、東海道新幹線が開業した。どちらも、焼け跡から不死鳥のように蘇った、日本の高度経済成長を象徴する出来事だった。

当時私は５歳だった。東京の自宅にはまだ自分でダイヤルを回す電話機はなく、交換台を通じて通話先につないでもらった。テレビの画面は白黒で、真空管が使われていた。１９６０年代に私が入った小学校では、歩くと階段がギシギシ音を立てる木造校舎が使われていた。廊下には、木の床を磨くためのワックスの匂いが、常に立ちこめていた。給食では、生暖かくてまずい脱脂粉乳が出た。脱脂粉乳は、巨大なバケツのような容器から、ひしゃくでアルミのお椀に注がれた。瓶入りの牛乳はまだ給食に出されなかった。今では想像もできないが、国鉄（現在のＪＲ）の中央線やバス、地下鉄に冷房はなかった。大汗をかきながら我慢するのが当たり前だと思っていた。

この頃の日本は、まだ昭和時代の影を引きずっていた。新宿駅西口近くの路上では、旧日本軍の戦闘帽をかぶり、白い服を着た義足の「傷痍軍人」と称する人々が首を垂れて、物乞いをしていた。１９６０年代の日本は、今に比べるとはるかに貧しかった。だが社会に、「これから日本はどんどん豊かになっていく」という楽観的な雰囲気が溢れていた。

やがて小学校の校舎は鉄筋コンクリートになり、給食には脱脂粉乳ではなく、ガラス瓶に入った牛乳が出るようになった。自宅の白黒テレビが、カラーテレビになった。私の両親も、２Ｋの狭い団地を出て、二階建ての家に引っ越した。家の前の道は、雨が降ると水たまりができる砂利道だったが、やがてアスファルトで舗装されて、歩きやすくなった。電話は交換台を通さずに、自分でダイヤルを回して相手の番号に直接かけられるようになった。

日本の名目ＧＤＰが西ドイツを抜いた１９６８年から2年後には、大阪で日本初の万国博覧会が開かれた。この催し物も、日本の経済成長のシンボルだった。当時小学5年生だった私は夏休みに、家族とともにうだるような暑さの万博会場を訪れた。ソユーズ・ロケットなどが飾られたソ連館や、米国の宇宙飛行士が地球に持ち帰った月の石が展示された米国館には、炎天下で2時間待たないと入れなかった（熱中症のために倒れる人もいた）。

私は米国やドイツ、ソ連などが、日本での初めての万博に豪華なパビリオンを出展したことに、強い誇りを感じた。初めて「日本の外には、様々な国があるんだ」ということに目覚めた瞬間だった。当時の私にとっては、大阪万博は心がワクワクするような出来事だった。なかなか行けない外国が、日本にやって来たような感覚だった。２０２１年12月にドバイ万博に行ってみたが、もはや大阪の千里丘陵で感じたような興奮はなかった。今では１９７０年に比べると簡単に外国に行けるからだ。

大阪万博の5年後の1975年にはフランスのランブイエで第1回先進国首脳会議（サミット）が開かれ、アジアからは日本だけが参加した。多くの日本人がこのことを誇りに感じた。今日に至っても、主要7カ国（G7）首脳会議に参加しているアジアの国は、日本だけだ。

高度経済成長期には、人口も増えた。総務省によると、敗戦の年の日本の人口は7199万人だった。人口はその後急激に増加し、2004年には1億2784万人でピークに達した。77・6％の増加である。その後日本の人口は坂を転げ落ちて行くように減っており、2033年には1億1522万人になると予想されている。

まさに、60年代、70年代は日本が輝いていた時代だった。したがって、私のように高度経済成長期の「元気な日本」を体験した人の中には、2023年に「日本の名目GDPがドイツに抜かれた」と聞いて特別の感慨を抱いた人が多かったに違いない。たしかに、60年代以来続いていた日本の栄光の時代が終わったことを、象徴するニュースだ。

何が、2023年の日独の名目GDPの順位逆転をもたらしたのか。次章ではその理由について、説明しよう。

第2章　日本がドイツに抜かれた最大の原因は、成長率の差

21世紀に入って、日独間の成長率の格差が広がった

２０２３年に日本の名目ＧＤＰがドイツに抜かれて世界４位になった背景には、長期的な理由と短期的な理由がある。長期的かつ、今回の順位逆転を引き起こした主な理由は、21世紀に入って日独間の名目ＧＤＰ成長率の差が開いたこと。そして生産性の差だ。短期的かつ副次的な理由は、２０２２年以降のドイツのインフレと、円のドルに対する交換レートの悪化、すなわち円安だ。この章では、まず順位逆転の主因である、日独間の成長率の格差についてお話ししたい。

日独の名目ＧＤＰの長期的な推移を比べると、21世紀に入ってから、ドイツの名目ＧＤＰが日本を上回る速度で増え、両国間の差が急激に縮まったことがわかる。ここでは、１９７０年代までさかのぼるために、経済協力開発機構（ＯＥＣＤ）のデータバンク（OECD Data Explorer）を使った。

ＯＥＣＤの名目ＧＤＰの金額は、ＩＭＦや内閣府の数字とは異なるが、これは日独の通貨をドルに換算するために使った交換レートの違いによるものと思われる。数字が多

少異なっても、両国の名目GDPの変化のトレンド（趨勢・傾向）を知るためには、OECDの統計を使うことは適切だと思う。

私は1970年から2022年までの期間について、日独の名目GDPの11年ごとの変化率を比べてみた。1970年の日本の成長率は目覚ましかった。1950年代からの高度経済成長の余韻が続いていたかのようだ。日本の名目GDPは1970年～1980年に201・8％も増えている。大阪万博の開催、日本の先進国首脳会議（サミット）参加など、日本が輝いていた時期である。この時期の日本の名目GDP成長率は、ドイツの名目GDP成長率（159・4％）を大きく上回った。1980年の日本の名目GDPは1兆505億ドルと、ドイツ（8148億ドル）の約1・3倍になった。

1980年～1990年の日本の名目GDP成長率もバブル景気の影響で134・1％と高くなり、ドイツ（89・6％）を上回った。1990年の日本の名目GDPは2兆4588億ドルと、ドイツ（1兆5450億ドル）のほぼ1・6倍になった。1989年末には日経平均株価が、取引時間中に3万8957円44銭という当時の最高値に達した。

バブル景気の狂熱

私は1982年から8年間、日本と米国でNHKの記者として働いたので、バブル拡大期の日本の異常な熱気をよく覚えている。

当時日本企業は、ニューヨークのロックフェラーセンターや、カリフォルニア州のゴルフコースなど、米国の不動産を市場価格を上回る値段で次々に買収していた。ある日本企業は儲かりすぎて納税額が大幅に増えそうになった。そこで費用を増やして収益を減らすために、イタリアからヘリコプターを輸入する子会社を作り、ある商社員をスカウトしてローマに駐在させていた。収益と納税額を減らすためだけに、外国に子会社を作ったのだ。

銀座のクラブなどでは、1本30万円のフランスの高級シャンペン、ドン・ペリニョンが一晩で何本も空になった。

銀座や六本木は、深夜にタクシーで帰宅しようとする客であふれた。当時、多くのビジネスパーソンが会社からタクシー券を支給され、帰宅する際に使っていた。深夜の繁華街ではタクシーを待つ客が長い列をなし、順番をめぐって殴り合いの喧嘩が起きた。

一部のタクシー運転手たちの態度は、今よりも傲慢だった。運賃が2000円~3000円程度の目的地に行こうとすると、運転手が「近すぎる」と乗車を拒否することがあった。運転手たちは、千葉県や神奈川県などに帰る客をつかまえようとしていた。運賃が1万円を超えるからだ。あるフランス人女性は、午前零時過ぎの六本木で長時間待ってもタクシーがつかまらないのに業を煮やし、車道に大の字に横たわって、タクシーを停めた。現在では考えられない狂熱が、社会全体を覆っていた。

バブル崩壊後、日独の成長率に差

1990年のバブル崩壊は、日本経済に冷水を浴びせた。1990年~2000年の日本の名目GDP成長率は、1980年~1990年の約3分の1の40・8%に激減した。この時期には山一証券、日本長期信用銀行、日本債券信用銀行、北海道拓殖銀行、中堅生命保険会社などが次々に廃業・破綻に追い込まれた。破綻を免れた銀行でも、十分に担保を取らないで融資を行う不正融資などが次々と表面化し、経営陣が責任を追及された。日本興業銀行や東洋信用金庫など12の金融機関が、大阪の料亭の女性経営者尾上縫に総額2兆7736億円も融資していたことも発覚した。個人への融資総額としては過去最高だった。尾上は詐欺の罪で懲役12年の実刑判決を受けた。バブル時代を象徴する異常な事件だった。

バブル崩壊のため日本の1990年〜2000年の名目GDP成長率（40・8％）は、ドイツ（44・8％）に追い抜かれた。日独間の成長率の格差は、21世紀に入ってさらに広がる。2010年〜2020年のドイツの名目GDP成長率は51・2％だったが、この時期の日本の名目GDP成長率は18・4％とドイツの3分の1程度だった。

2000年から2020年までの日本のGDP成長率は54・6％だったが、ドイツの成長率は日本の2・1倍の115・3％だった。図表2-1を見ると、1990年代まで日独間で広がっていた名目GDPの差が、2010年代以降急激に縮まったことがわかる。

様々な経済危機によるショックも、日本ではドイツより大きかった。たとえばリーマ

図表2-1　日独の名目GDPの推移（1970〜2022年）

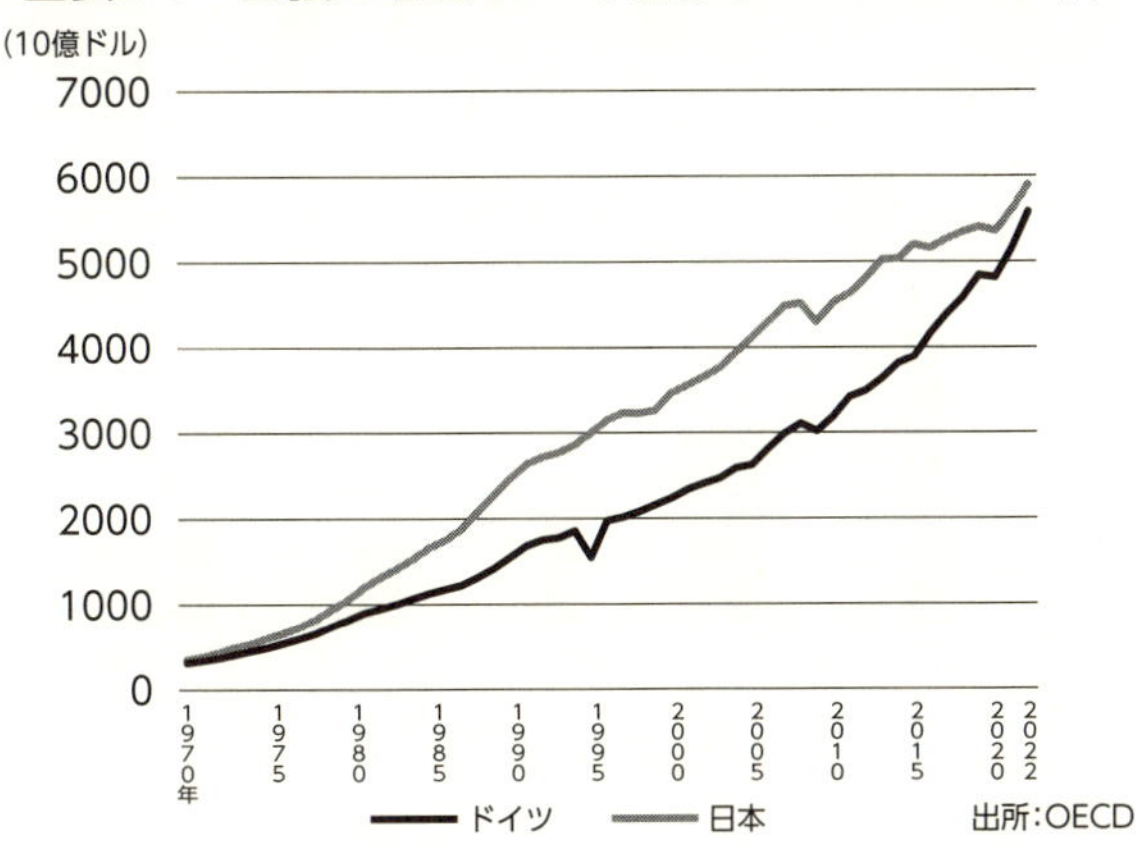

出所：OECD

ンショック直後の2009年にドイツの名目GDPの前年比の成長率がマイナス2・9％だったのに対し、日本ではマイナス4・9％と大きかった。またドイツでは、コロナ禍による名目GDPの前年に比べた成長率がマイナス0・5％だったのに対し、日本ではマイナス0・9％とドイツを上回った。

つまり2023年にドイツのインフレや円安が原因で突然日本の名目GDPがドイツに抜かれたわけではなく、それまでの20年間に日独間で成長率に差が生じ、名目GDPの差が狭まっていったことが、順位逆転の大きな理由だ。2022年のドイツの

図表2-2　日独間の11年ごとの名目GDP成長率の比較

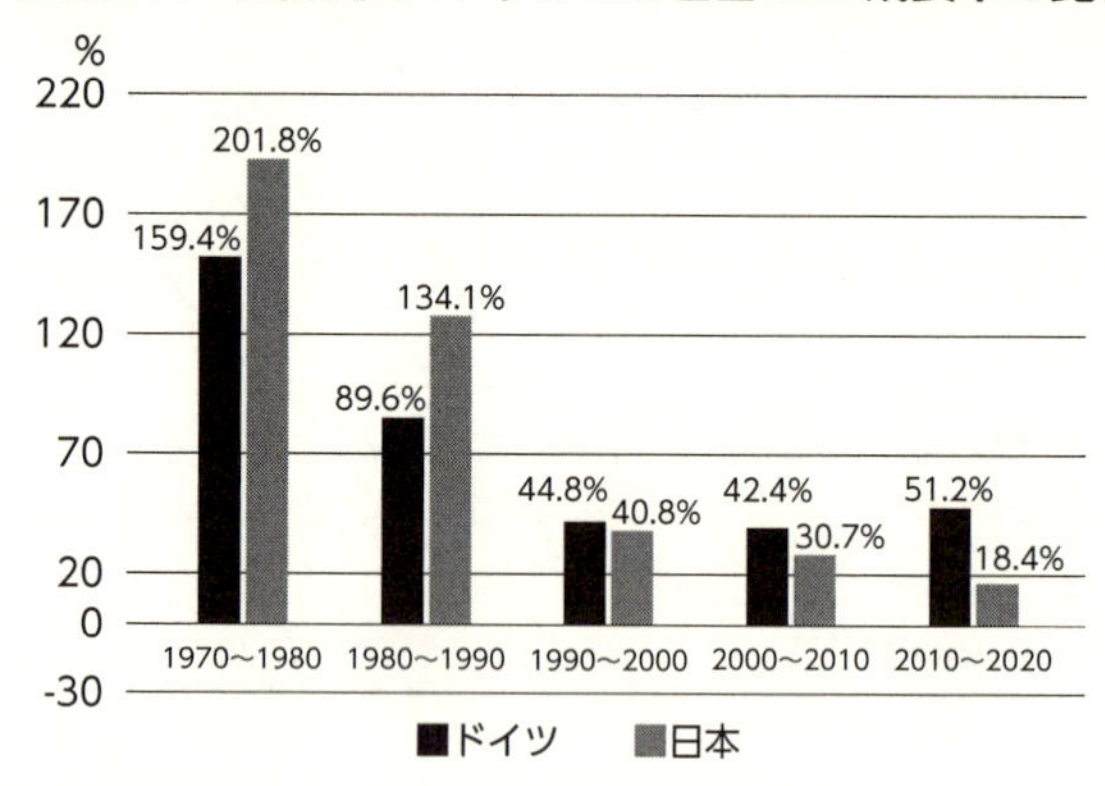

出所：OECD

名目ＧＤＰは、日本の94・7％の所まで迫っていた。最後の５・３ポイントの差をなくしたのが、２０２３年のドイツのインフレと円安だった。

日本政府の林芳正官房長官も、２０２４年２月15日の記者会見で「ドル換算のＧＤＰは物価や為替レートの動向に大きく影響を受けることから留意が必要だが、日本ではバブル崩壊以降、企業が国内投資を抑制し、結果として消費の停滞や物価の低迷、さらには成長の抑制がもたらされたと考えている」と述べ、日本の成長力の鈍化が一因という見方を示した。

日本の1人当たり名目GDPがG7で最下位に転落

私は、国民の満足度や幸福度を測るための物差しとしては、GDPの総額よりも、GDPを人口で割った1人当たりのGDPの方が重要だと考えている。

GDPの総額が多くても、人口が多いために、国富が市民一人一人に行きわたる分が少なければ、人々の満足度は低くなる。逆にGDPの総額が少なくても、人口が少なければ、市民に行きわたる国富は、相対的に多くなる。たとえば金融サービス企業が多いルクセンブルクやスイスのような小国では、1人当たりのGDPが世界でもトップクラスだ。逆に中国やインドのように人口が10億人を超えている国では1人当たりのGDPは小さくなり、しばしば貧富の差が大きくなる。

ちなみにスイスの人口は約880万人。ルクセンブルクの人口は約66万人にすぎない。したがって、人口が約1億2400万人の日本と比べるのは無理がある。これに対しドイツの人口は約8470万人なので、日本と比べるには適した国である。

さて2023年12月25日、内閣府はこの1人当たりGDPについて、衝撃的な数字を発表した。その内容は、名目GDPの総額でドイツに抜かれたというニュースよりも深刻だった。

内閣府は、OECDの統計などを基にして、「2022年の日本の1人当たり名目GDPが3万4064ドルと、OECD加盟国中で第21位になった」と発表した。日本は2021年の第20位から、第21位に転落した。イタリア（3万4733ドル）に抜かれて、G7諸国の中で最下位になった。ドイツの1人当たりGDPは4万8717ドルで、第16位。日本よりも43％多い。

つまり日独間の1人当たり名目GDPの差は、名目GDP総額の差よりもはるかに大きいのだ。

内閣府は先の統計の中で主要国だけを取り上げており、OECD加盟国の全ての数字を公表していない。そこで2024年4月にIMFのデータベースを見たところ、すでに2023年の1人当たり名目GDPのランキングが掲載されていた。このリストを見ると、日本（3万3950ドル）の順位は第34位。G7の中で最低だった。ドイツの1人当たり名目GDPは5万2824ドルで、第20位だった。日本よりも約55％多いこと

図表2-3　2023年の1人当たりの名目GDPランキング（IMF）

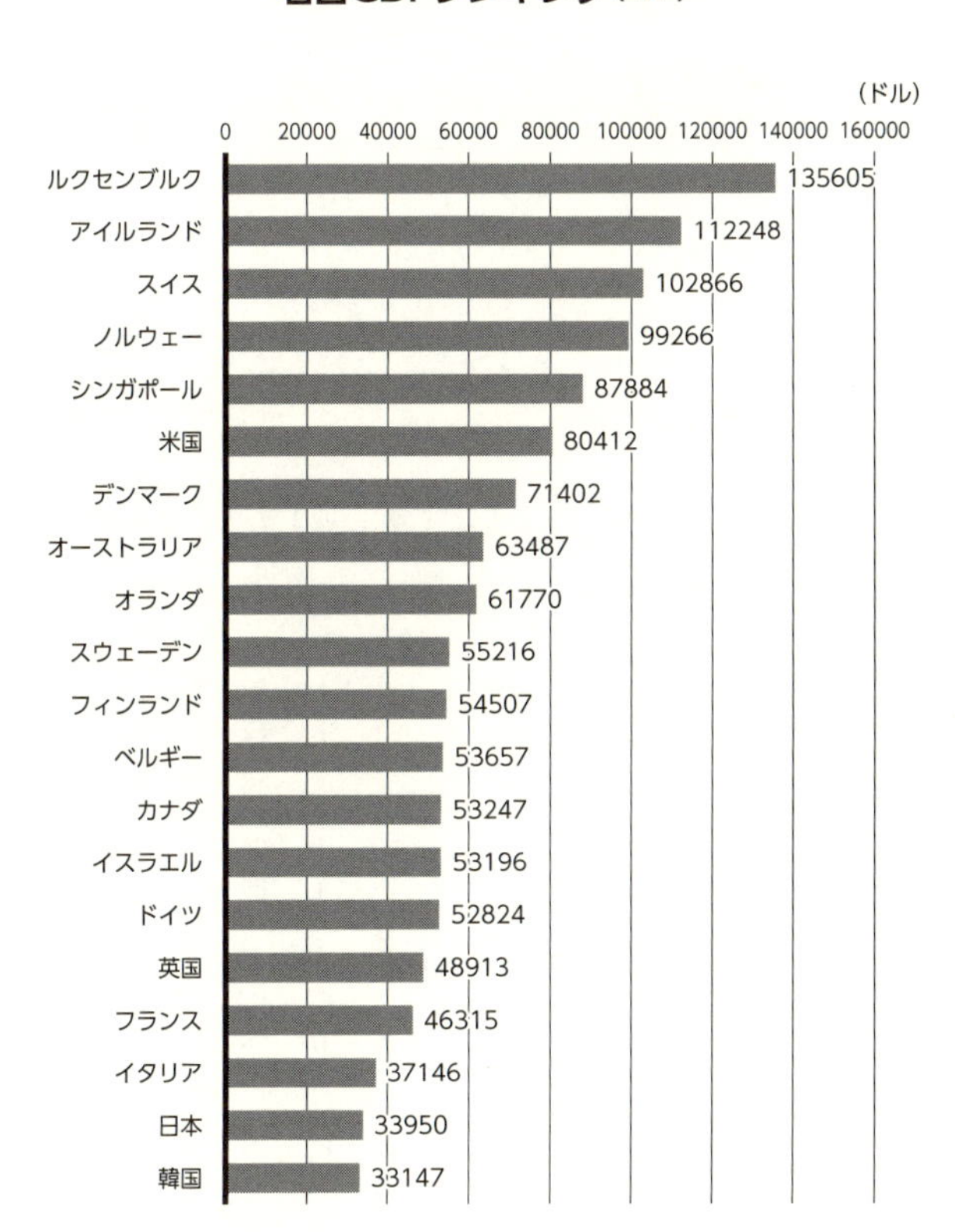

出所：IMFのデータ（2024.4.1 閲覧）をもとに作成

図表2-4　日独の１人当たりの実質GDPの推移

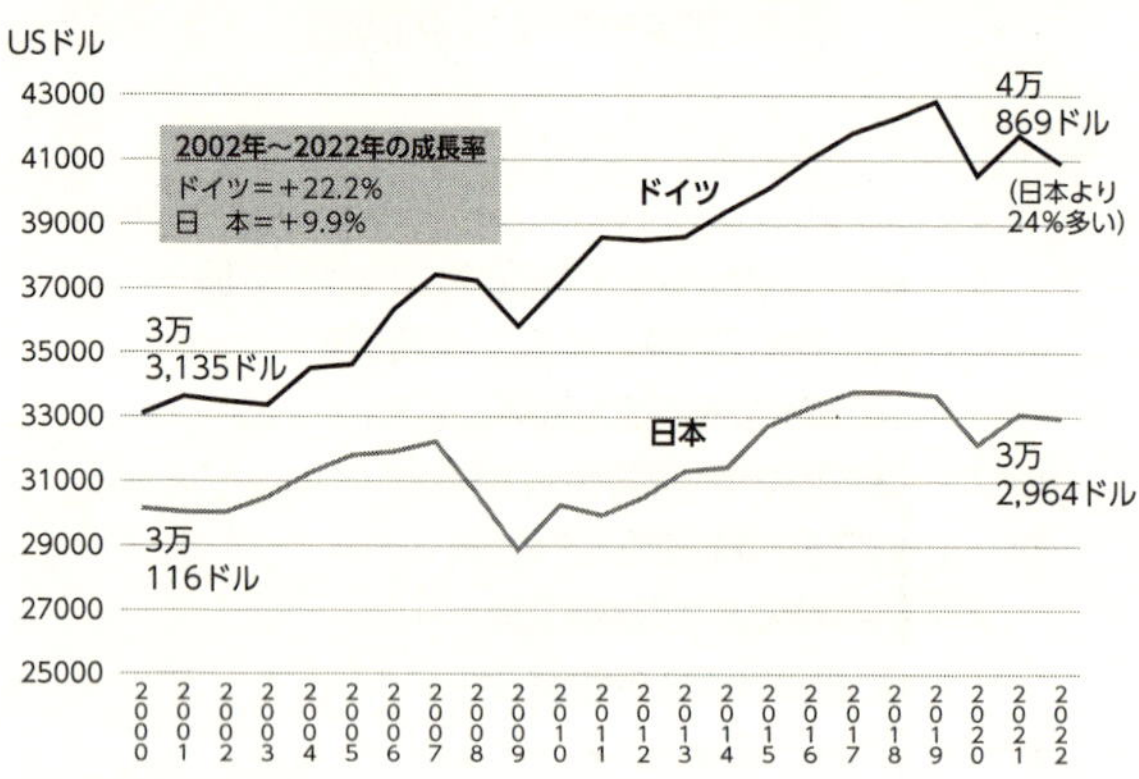

出所：OECDのデータをもとに作成

になる。

　私はＯＥＣＤの統計を使って、２０００年から２０２２年の日独の１人当たりの実質ＧＤＰの推移も比べてみた。２０２２年のドイツの１人当たり実質ＧＤＰは４万８６９ドルで、日本（３万２９６４ドル）よりも約24％多かった。ドイツの１人当たり実質ＧＤＰは、２００２年から２０２２年までに22・２％増えたが、日本では同時期に９・９％しか増えなかった。ドイツの成長率のほぼ半分だ。

　さらにＯＥＣＤはもう一つ、我々日本人にショックを与える統計を発表している。２０２２年のドイツの市民１人当たりの年

図表2-5　日独の平均賃金の推移
(1995年＝100とした指数)

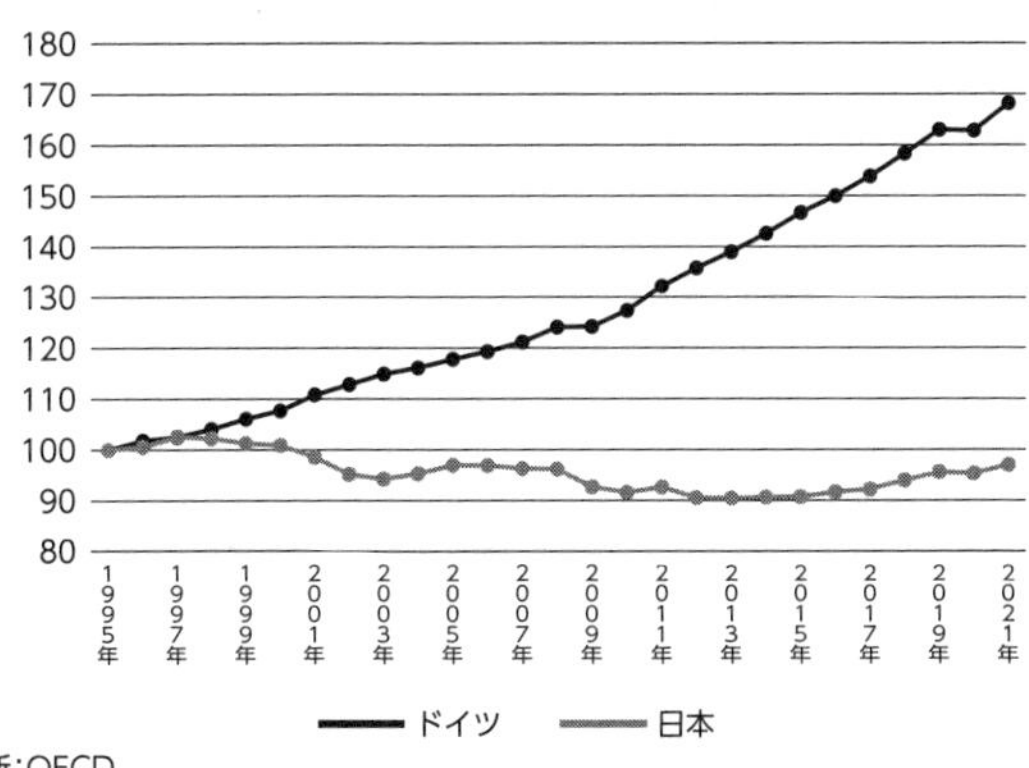

出所：OECD

間平均賃金は５万８９４０ドルで、日本（４万１５９０ドル）を約42％も上回っているのだ。

　ＯＥＣＤの別の統計によると、ドイツの賃金水準は１９９５年～２０２１年に68・２％上昇したが、日本の賃金水準はこの期間に３％減ってしまった。これでは、日本の国内消費が増えないのも無理はない。ドイツの賃金水準が上昇したのは、労働組合が経営者との交渉によって賃上げを勝ち取ってきたためだ。

2010年以降ドイツ経済を押し上げたシュレーダー改革

なぜ日独経済の間に、これほど大きな差が生まれたのだろうか。ドイツの名目GDP成長率は、2010年以降伸びている。たとえば2010年〜2020年のドイツの名目GDPの成長率は51・2%で、前の11年間つまり2000年〜2010年の成長率(42・4%)を上回った。2010年以降ドイツの成長率が伸びた一因は、1998年から2005年まで首相を務めたゲアハルト・シュレーダー氏が断行した、労働市場・社会保障制度改革プログラム「アゲンダ2010」だった。当時この国では、人件費の高さが成長の足枷(あしかせ)となっていた。特にドイツは社会保障制度が手厚い国なので、賃金以外の労働費用が高い。

1990年代後半のドイツでは、公的健康保険、失業保険、年金保険、介護保険の社会保険料負担が企業収益を圧迫し、企業の国際競争力が弱まっていた。ドイツ経済研究所の統計によると、2003年の旧西ドイツの製造業界の労働者1人当たりの労働コストは、ポーランドの8・3倍、イタリアの1・62倍、米国の1・36倍、フランスの1・

34倍だった。この労働コストのかなりの部分を、社会保険料が占めていた。

長期失業者になって国から援助金を受け取った方が、レストランの従業員やバス運転手として働いて税金や社会保険料を払うよりも、手取りが多くなるケースが現れた。このためあえて仕事に就かずに、失業者としての生活を続ける人も増えた。

統一後、旧東ドイツで多くの国営企業が閉鎖されたり、従業員数を減らしたりしたことも失業者数を押し上げた。

１９９１年には約２６０万人だった失業者数が、１９９７年には68％も増えて４３８万人に達した。キリスト教民主同盟（ＣＤＵ）のヘルムート・コール首相（当時）は１９９０年にドイツ統一を達成したものの、経済政策の失敗の責任を問われて、１９９８年の連邦議会選挙で敗れた。その後誕生したのが、シュレーダー氏が率いる社会民主党（ＳＰＤ）と緑の党による初の左派連立政権である。

元々ＳＰＤは19世紀に労働運動を母体として創設された、労働者の党である。だがシュレーダー氏は、ＳＰＤの政治家としては珍しく、経済界と太いパイプを持っていた。ニーダーザクセン州の首相を務め、同州に本社を持つフォルクスワーゲン・グループの監査役を務めたために、自動車業界とも密接な関係にあった。シュレーダー氏は、企業経営者たちの「社会保険料などの労働費用を減らさないと、雇用を増やせない」という訴えに理解を示した。私は一度ベルリンでの記者懇談会でシュレーダー氏に会ったことがあるが、オーダーメードのイタリア製スーツを着こなし、政治家というよりは企業経営者のような印象を与える人物だった。

彼は首相に就任した時、「自分の政治家としての価値は、失業者の数を大幅に減らせるかどうかで判断してほしい」と語った。彼は失業者の数を減らすために、企業の労働費用負担を削減して収益性・競争力を高めることを最重要の政策目標にした。彼は2003年に連邦議会で「アゲンダ2010」の発動を宣言し、この国で最も大胆な労働市場・社会保障改革に踏み切った。シュレーダー氏はある演説で「働く能力があるのに労働を拒否する者を、国は支援しない。国民には、怠惰になる権利はない」と断言した。

彼は長期失業者への援助金、生活保護の額を減らし、給付条件を大幅に厳しくすることによって、失業者が就職するための圧力を高めた。たとえば彼は中高年の失業者向け援助金の支払期間を、32カ月から18カ月に減らした。正当な理由がないのに、国が斡旋する仕事を拒否する者には、制裁措置が取られた。彼は「国は困窮者には手を差し伸べるが、市民も自助努力を増やしてほしい」と要求した。

「市民の身を切る改革」をSPDの首相が断行

シュレーダー政権は、公的健康保険のカバー範囲を狭くしたり、患者の自己負担額を増やしたりすることで、保険料の伸び率を抑えた。労働法を改正し、企業が人件費を減らすために社員を解雇しやすくした。公的年金保険の保険料が賃金に占める比率を19・5%に抑えるための法律を施行させた。シュレーダー氏は、公的年金の支給開始年齢を65歳から67歳に引き上げるべきだと主張し、改革作業に着手した。そのための法案は、シュレーダー氏が首相を辞任した2年後に連邦議会で可決された。

さらにシュレーダー氏は、ミニジョブと言われる新しい業態を導入することで、低賃金労働市場を生み出した。雇用者は、ミニジョブについては社会保険料の支払いを免除されるので、労働費用を節約できる。対象となるのはオフィスの掃除をしたり、飲食店で働いたりする人々である。給料が低いために、一つの仕事では十分に生活の糧を稼ぐことができず、1日に2つ以上の仕事を行う市民も増えた。米国のようなワーキング・プーア（働いているのに貧しい人）の問題が浮上した。労働市場・雇用研究所（ＩＡＢ）によると、２０１０年のドイツの就業者の内、低賃金部門で働く就業者の比率は24・1％と、英国（19％）、フランス（12・5％）、イタリア（12％）を上回っていた。つまりシュレーダー氏は、多くの失業者を低賃金部門で雇用させることにより、少なくとも統計上は失業者数を大幅に減らしたのである。

またシュレーダー氏は法律を改正し、企業が人件費を節約できるように、人材派遣会社から送られる契約社員などの非正規労働者を増やすための政策を取った。非正規労働者の比率が高い、日本のような社会を作ろうと考えたのである。

「アゲンダ２０１０」は、企業の負担を減らす代わりに、社会保障サービスを悪化させた。シュレーダー氏が行った改革は、第二次世界大戦後、この国の労働市場・社会保障制度が経験した最大の変化であり、働く者の負担を増やすものだった。

通常このような企業寄りの改革は、ＳＰＤではなくＣＤＵのような保守政党が行うものである。しかし財界寄りの政治家だったシュレーダー氏が首相になったために、「市民にとっては身を切るような痛みを伴う改革」が実行された。当時野党だったCDUはシュレーダー氏の改革に賛成した。経済界も、「アゲンダ2010」を絶賛した。だがこの改革は、低所得層の可処分所得を減らしたため、彼が率いるSPDの支持率がガタ落ちとなった。特に旧東ドイツでは不満が爆発した。このため彼は2005年の連邦議会選挙で敗れ、首相だけでなく議員も辞職した。彼はその後ロシアのウラジーミル・プーチン大統領に請われて、ロシアからドイツへ天然ガスを送る海底パイプライン・ノルドストリーム1および2の運営会社の監査役会長に就任した。

シュレーダー氏は政治家を辞めてから、ロシア企業から高給を受け取るロビイストになったので、ドイツでは評判が大変悪い。彼はロシアのウクライナ侵攻は批判したが、プーチン大統領を批判することを避けている。2022年にロシア軍部隊がウクライナの住民に対して行った虐殺事件についても、シュレーダー氏は「プーチン氏が命じたものではない」と弁護した。SPD内部では「アゲンダ2010」についても、「ネオリベラル的な改革」と批判する人が多い。シュレーダー氏は、SPDから村八分にされている。労働組合からも、「アゲンダ2010は企業だけを利し、市民の所得格差を拡大した悪しき政策」という批判の声が上がった。シュレーダー氏の政策は、SPDへの支持率が低下する一因となった。

シュレーダー改革が労働費用の伸び率を抑えた

だがSPDの異端児シュレーダー氏の「アゲンダ2010」がこの国の労働費用の伸び率を、他の欧州諸国に比べて抑え、企業の国際競争力を強化したことは事実である。2010年以降、ドイツの名目GDP成長率が上昇し、日本を追い上げた一因もこの改革にある。

EU統計局は、主な欧州諸国の労働費用(単位労働コスト)が、2000年から2010年までにどう変化したかを示すデータを発表している。ギリシャの労働費用は2000年から2010年までに37・2%、英国は32・7%、フランスは22・7%伸びた。全EU加盟国の労働費用も平均14・2%増えた。これに対して、ドイツの労働費用の2

図表2-6　ドイツの単位労働コストの伸び率はユーロ圏で最低だった

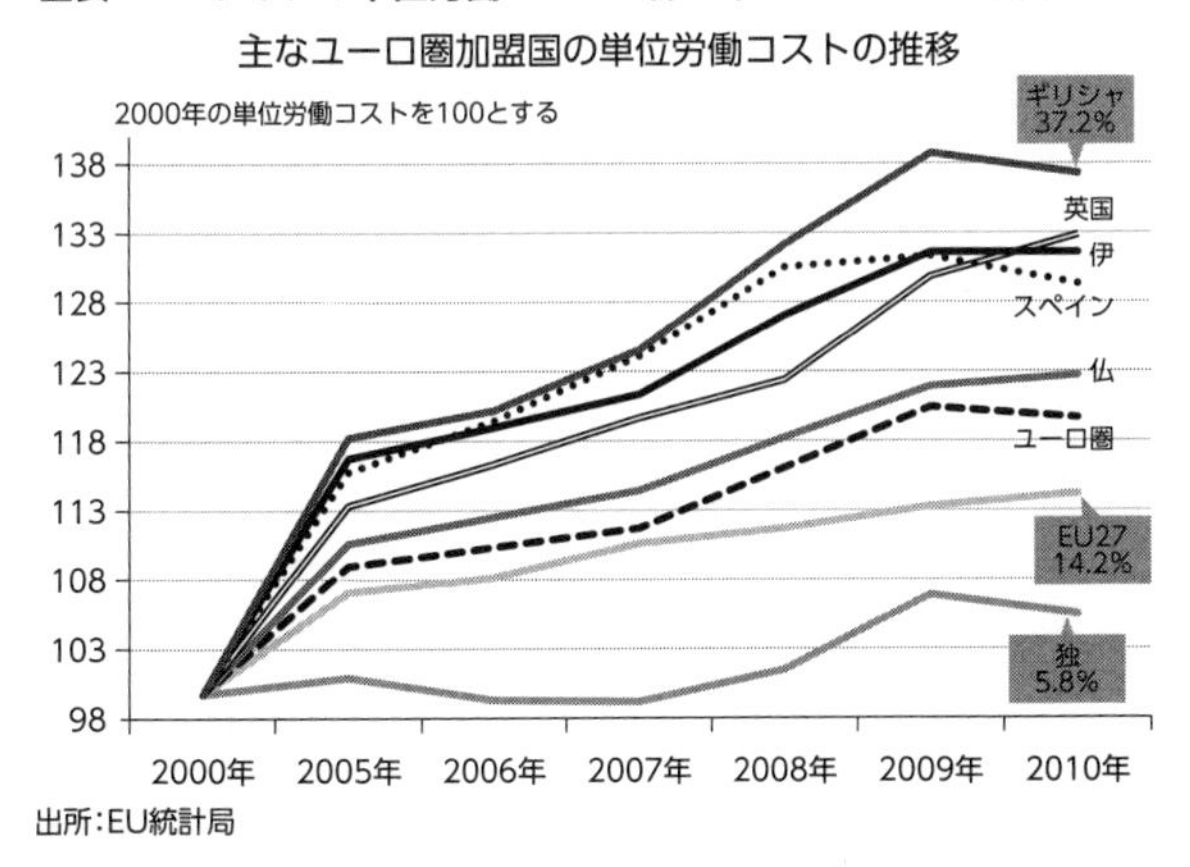

出所：EU統計局

０００年〜２０１０年の伸び率は５・８％に留まった。これはシュレーダー氏の改革によって、労働費用の上昇が抑制されたことを示している。労働費用の伸び率が低いということは、価格競争力を優位に保つことができることを意味する。

シュレーダー氏がこの改革プロジェクトを「アゲンダ２０１０」と名付けたのは、「労働費用が削減されて、企業の競争力が高まるまでには時間がかかる。実際に効果が表れるのは、２０１０年以降だ」と考えたからである。彼の予言通り、ドイツ経済はリーマンショックの余韻が収まった２０１０年以降、成長力を回復した。

連邦統計局によると、ドイツの失業者数は第二次世界大戦後最高だった2005年の486万人から、2019年には半分以下の227万人に減った。失業率もこの期間に13％から5・5％に減った。シュレーダー氏が首相に就任した1998年にはドイツの就業者数は3840万人だったが、2023年には4580万人となった。働く者の数が、740万人も増えたことになる。ドイツではこの現象は「雇用の奇跡」と呼ばれる。低賃金労働者の増加などの問題点はあるが、少なくとも失業者数を大きく減らすというシュレーダー氏の目標は達成されたことになる。

レーゲンスブルク大学のヴォルフガング・ヴィーガルト名誉教授はSPD党員で、シュレーダー氏のアゲンダ2010の青写真を描いたアドバイザーの一人だった。私はあるセミナーで彼と話したことがあるが、「ドイツで失業者数を大幅に削減するには、低賃金市場を作る以外には方法がなかった」と語っていた。

左派に属する市民や低所得層の間ではアゲンダ2010は怨嗟（えんさ）の的だが、経済学者、財界人の間では、アゲンダ2010の評判は良い。ケルンのドイツ経済研究所（IW）のミヒャエル・ヒューター所長は、2023年3月に、「アゲンダ2010は、ドイツの歴史で他に例を見ないような成功をもたらした。人々が仕事に就くインセンティブを高めて労働市場を大きく変えただけではなく、ドイツ経済の成長力も高めた。たとえば1970年〜2021年のドイツの平均経済成長率は1・46％で、フランス（1・36％）を上回っている」と述べ、シュレーダー氏の改革の成果を称賛した。

2018年11月にはドイツ産業連盟（BDI）の会長だったディーター・ケンプ氏も、「シュレーダー氏が首相に就任した時、ドイツは欧州の病人だった。我々の国際競争力は、他の国々に比べて劣っていた。アゲンダ2010は、この状況を一変させた。SPDが生んだ大きな成果である。SPD左派が、アゲンダ2010を批判し、この改革を逆戻りさせようとしているのは、間違いだ」と述べ、シュレーダー氏の業績を称えた。

日独の経常収支の差が拡大

シュレーダー改革が企業の国際競争力を改善し、名目GDP増大に貢献したことを示唆するデータがある。OECDの、経常収支（Current account balance）に関する統計

図表2-7　日独の経常収支の推移(2000～2022年)

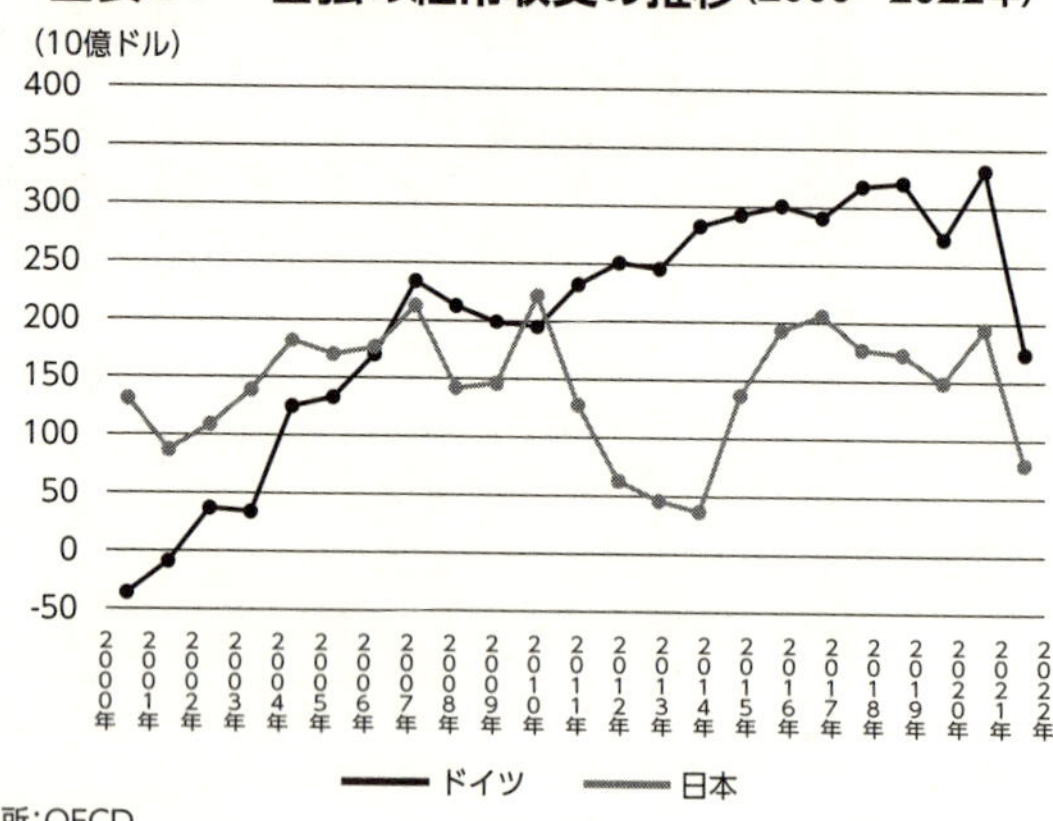

出所：OECD

だ。経常収支は、財とサービスの貿易収支、第一次所得収支（対外金融債権・債務から生じる利子・配当金など）と第二次所得収支（居住者と非居住者との間の贈与、寄付など）を足したものだ。わかりやすく言えば、貿易などによって外国から入ってくる金額と、外国へ出ていく金額の差である。２０１０年以降は、日独の経常収支の差が拡大した。

２０００年にはドイツは３６０億ドルの経常赤字を記録した。一方日本は１３１０億ドルの経常黒字を記録し、ドイツに水をあけた。しかし２００７年にはドイツの経常黒字が２３４０億ドルになり、日本（２

130億ドル）を追い越した。2011年以降はドイツの経常黒字と日本の経常黒字の間の差が大きく開いた。たとえば2013年のドイツの経常黒字は日本の5・3倍、2014年のドイツの経常黒字は7・6倍に達した。直近の2022年の日独格差は2・2倍である。

衝撃的なのは、21世紀に入ってから日本の経常黒字が大幅に減ったことである。ドイツの経常黒字は、2002年の374億5900万ドルから2022年には365％増えて1742億3700万ドルになった。これに対し、日本の経常黒字は同じ時期に1086億7100万ドルから、791億100万ドルに27％減った。つまり国際取引で稼ぐ力が、ドイツに比べて大幅に弱まったのだ。これらのデータを見ると、2010年以降日本がドイツに引き離されたことがわかる。

ドイツの中国貿易の拡大も一因

私は経常収支の中で重要な部分を占める「財の輸出額」についても、日独の2000

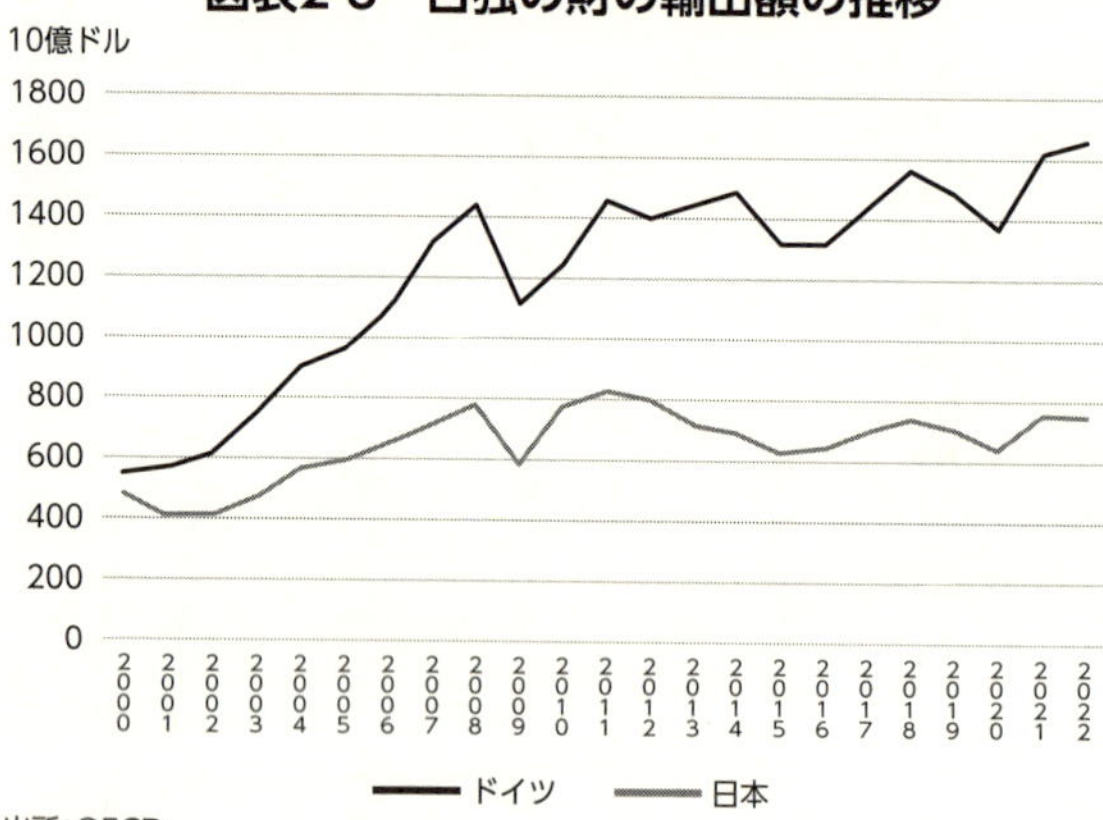

出所：OECD

年以来のパフォーマンスを比べてみた。その結果、ドイツの財の輸出額が2002年から2022年までに169・3%伸びたのに対し、日本の財の輸出額の同時期の伸び率は79・8%と半分に満たないことがわかった。図表2-8には、2010年以降、日独の財の輸出額の差が拡大したことが表れている。

ある国が貿易で儲けているかどうかを知る指標の一つに、交易条件（Terms of trade）がある。交易条件は、輸出価格指数を輸入価格指数で割ることによって求められる。交易条件が大きいほど、輸入価格に比べて輸出価格が高く、ある国が貿易で

図表2-9　日独の交易条件の推移（2015年＝100とした指数）

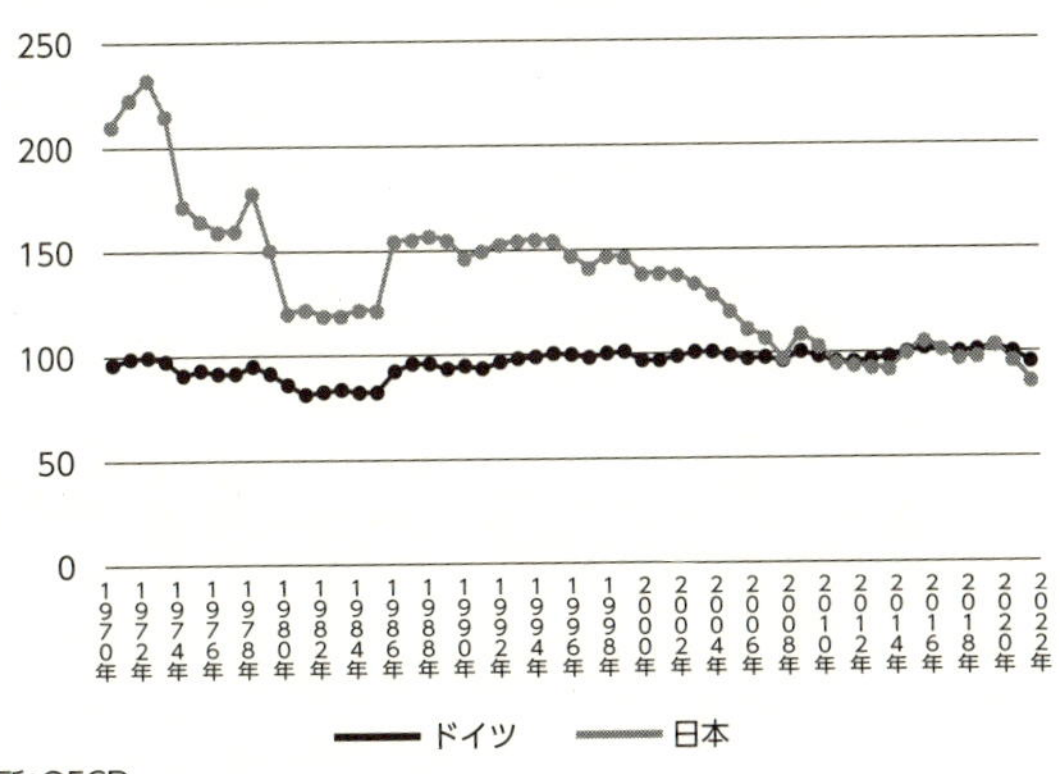

出所：OECD

儲けていることを示す。ＯＥＣＤによると、日本の交易条件は、１９７０年からの52年間に約63％減少した。特に２０２２年には外国から輸入する原油や天然ガスの価格が高騰したので、交易条件が悪化している（図表２‐９）。

　これに対し、１９７０年からの52年間のドイツの交易条件の減少率は１・２％に留まっている。２０２２年にはドイツの交易条件は95で、日本（86・2）を追い抜いた。これは日本企業が過去半世紀の間に安売りを続けてきたのに対し、ドイツ企業が比較的高い価格を維持したことを示している。

　ドイツでは人件費が高いので、企業は付

加価値が高い製品に特化せざるを得ない。安売りをしていると、すぐに赤字に陥ってしまう。

ドイツの財の輸出額が21世紀に大きく伸びた一因は、中国貿易の増加である。連邦統計局によると、2023年のドイツの中国との貿易額（輸出額と輸入額の合計）は2540億ユーロ（43兆1800億円）。中国は8年連続で、ドイツにとって最大の貿易パートナーだった。ドイツから中国への輸出額は、2011年から2022年までに約65%増加した。ドイツの中国からの輸入額は、この時期に約143%も増えている。シュレーダー氏は首相時代に毎年のように中国を訪れて、経済関係の拡大に努めた。

シュレーダー氏の後に首相になったアンゲラ・メルケル氏、オラーフ・ショルツ氏も地政学的リスクや人権問題よりも、対中貿易を重視してきた。特にドイツの自動車業界や化学業界は、中国抜きには経営が成り立たないと言っても過言ではない。

たとえば欧州最大の自動車メーカー、フォルクスワーゲン・グループが2021年に世界で販売した車の38%が中国で売られていた。メルセデス・ベンツの車の37・8%、BMWの車の33・6%が中国で販売された。2021年にはフォルクスワーゲン・グループは中国の自動車市場で10・3％という最大のマーケットシェアを誇り、首位に立っていた（同社は、2024年にBYDに抜かれた）。

2018年にドイツ連邦経済・気候保護省のある官僚と話したことがあるが、彼は「中小企業も含めて、多くのドイツ企業が外国などからの大量の注文を抱えて、生産が追い付かない状態が続いている」と語っていた。この頃、ドイツの製造業界は空前の好景気に沸いていたのだ。

シュレーダー氏が耕して種子をまいた地面に、「アゲンダ2010」の果樹が成長して実を結んだのである。ドイツの対中貿易の拡大も、同国の2010年以降の名目GDPの急上昇に貢献した。

日本を大きく上回るドイツの生産性

日本の経済学者の間には、ドイツの名目GDPが日本を抜いた原因の一つとして、労働生産性の違いを指摘する人も多い。労働生産性とは、1人の労働者が1時間に生み出

図表2-10　日独の労働生産性（1時間あたりの実質GDP）の推移
（1970～2022年）

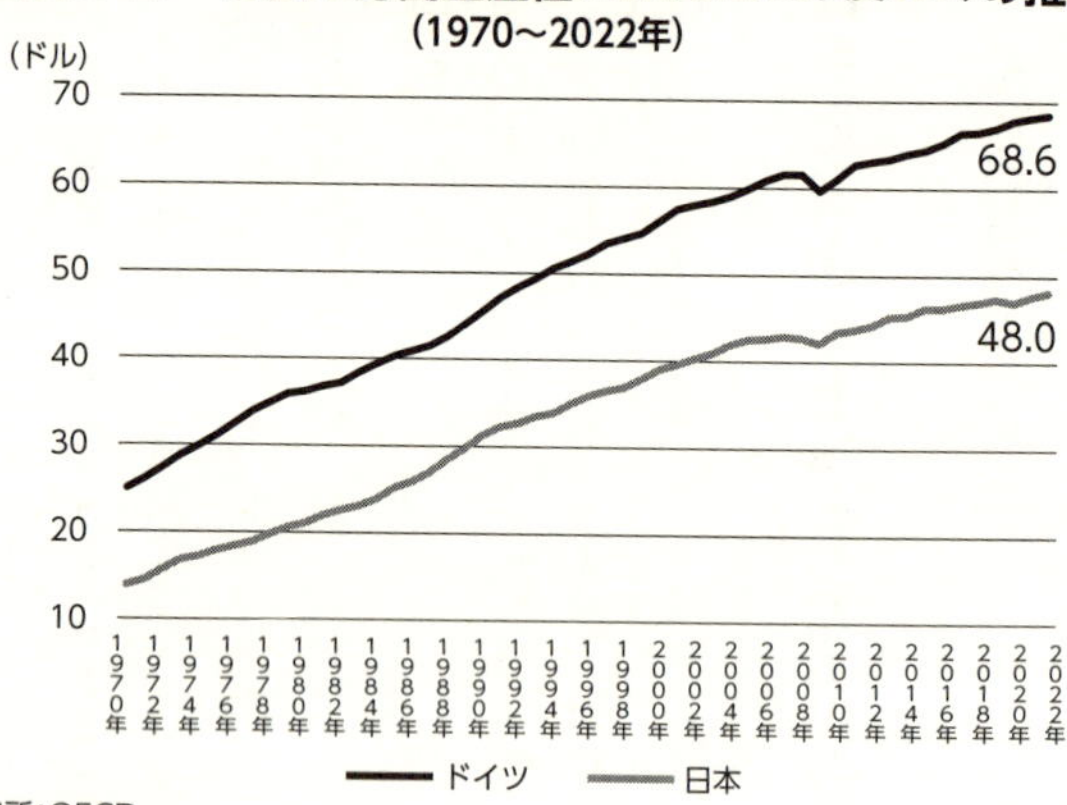

出所：OECD

すＧＤＰである。この数字は、労働者がどれだけ効率的に価値を生み出しているかを示す。

　たしかにＯＥＣＤの統計を見ると、１９７０年から２０２２年まで、日本の労働生産性は、常にドイツよりも低かった。２０１９年に日本政府が鳴り物入りで「働き方改革関連法」を施行してからも、日独間の差は大きく縮まっていない。

　２０２２年のドイツの労働生産性は68・６ドルで、日本（48・０ドル）よりも約43％高い。２０２２年の日本の労働生産性は、Ｇ７諸国の中で最も低かった。日本は、データを公表しているＯＥＣＤの37カ国中第

21位だった。日本の数字は、G7平均（65・4ドル）よりも約27％低い。OECDの平均（53・8ドル）よりも約11％少ない。

これに対しドイツの労働生産性はOECDで第11位だった。G7では、ドイツの労働生産性は、米国に次いで第2位である。自動車など一部の業種では、日本の労働生産性はドイツを上回っているとされるが、サービス業などあらゆる業種を含めると、日本はドイツに水をあけられている。

ドイツの労働時間はOECDで最も短い

なぜ日本の1時間当たりの労働生産性は、ドイツに大きく水をあけられているのだろうか。最大の理由は、日本の労働時間がドイツよりもはるかに長いからだ。労働時間が長いほど、1時間当たりの労働生産性は低くなる。

OECDの統計によると、2022年のドイツの年間労働時間は1341時間で、38の加盟国の中で最も短かった。日本は1607時間で、ドイツよりも266時間（19・

8％）長い。ドイツ人の労働時間は我々日本人よりも約17％短いのに、労働により生み出す価値は我々よりも約43％多い。働く時間は我々よりも短いのに、2022年のドイツの平均賃金は、日本より約42％多い。効率よく働いて結果を生もうとするのは、ドイツ人の国民性の一つだ。彼らは、「仕事の成果を生むためにかける時間は、短ければ短いほどよい」と考える。

なぜドイツの労働時間は、短いのだろうか。その最大の理由は、政府が法律によって労働時間を厳しく制限したり、最低限の休暇日数を保障したりしていることだ。労働組合の影響力が強いことも影響している。これは経済的な目的のためではなく、国民のライフワークバランスを向上させ、個人のプライベートな時間を守るためである。ドイツ語で「Arbeitsschutz」（長時間労働などが健康に及ぼす悪影響から、市民を守ること）と呼ばれる公衆衛生上の概念である。

このためドイツでは法律によって、オフィスや役所、工場、商店などで1日当たり10時間を超えて働くことが禁止されている。病院の医長や消防士などを除けば、例外は認められない。日曜日や祝日の労働は、原則として禁止だ。

図表2-11　OECD加盟国の年間平均労働時間の比較
（2022年）

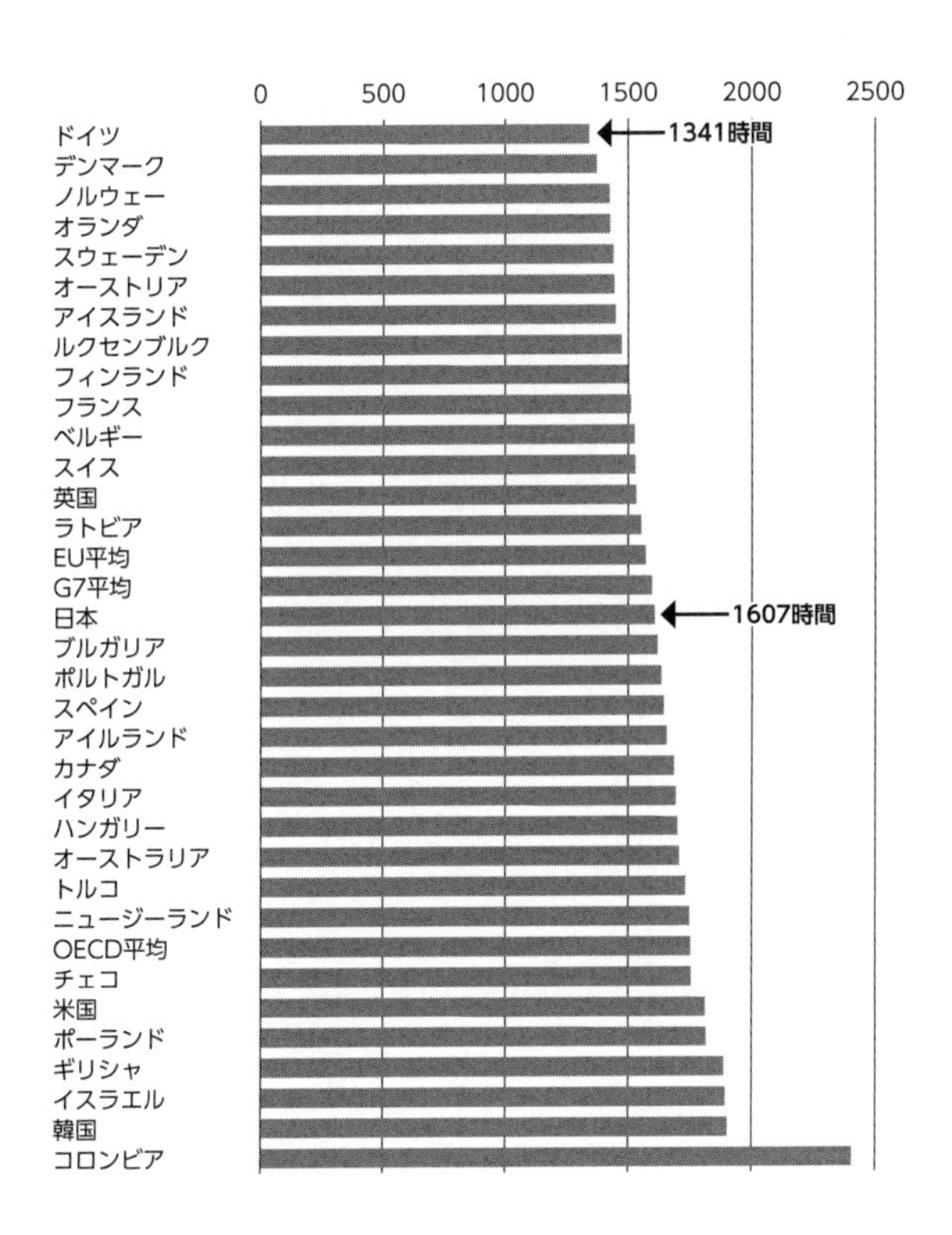

出所：OECD

しかも事業所監督局という役所が、ときおり労働時間の抜き打ち検査を行う。企業が社員に恒常的、組織的に長時間労働をさせていることがわかると、罰金を科される。IT企業、病院、建設会社などが、社員に長時間労働をさせていた疑いで摘発されている。ドイツではITエンジニアなど高技能を持つ人材が不足しているので、一度「労働時間が長いブラック企業」としてメディアに報道されると、優秀な社員が集まらなくなってしまう。

このため特に大手企業では、繁忙期でも1日の勤務時間が10時間を超えないように、上司が口を酸っぱくして部下に注意する。

30日間の有給休暇・100%消化は当たり前

ドイツ人は、世界で最も長く休む民族の一つだ。企業は連邦休暇法によって、社員に最低24日間の有給休暇を与えることを義務付けられている。だが実際には、大半の企業が社員に30日間の有給休暇を与えている。週末や祝日などを合わせると、ドイツ人は毎年約150日休んでいることになるが、それでも会社や経済は回っている。

しかもドイツの会社では、管理職以外の社員の場合、30日間の有給休暇を100％消化することが当たり前になっている。

法律や社会の慣習によって、誰もが長い休みを取る権利を保障されているのだ。顧客すら、担当者が長期休暇を取ることに理解を示す。

ドイツ人が毎年約30日間の有給休暇を完全に消化できるもう一つの理由は、病気やけがをした時の傷病休暇制度があるためだ。この国では、社員が病気やけがのために働けなくなった時には、企業は最長6週間まで給料を100％払わなくてはならない。そのことが法律で義務付けられている。

日本では、病休の際に給料を支払わない企業が多いので、ほとんどの人は有給休暇をためておき、病気やけがの時に消化する。ドイツでは、病気やけがをした時に、有給休暇を取ることはあり得ない。病気やけがのために働けなくなっても、6週間は給料の支払いが保障されているので、安心して治療・療養に専念できる。

つまりドイツ人たちは、我々日本人ほどせかせかと働かず、余裕を持った労働条件の下で働いている。それにもかかわらず、名目ＧＤＰの総額、１人当たり名目ＧＤＰ、１時間当たり労働生産性、平均賃金では日本を上回っている。これは日独社会の間にある、最も大きな違いの一つである。

第3章　15分で読めるドイツ産業史

自動車だけではないドイツ経済の底力

ドイツは、金融・IT立国ではない。経済を押し上げた立役者は製造業だ。その原動力はどこにあったのだろうか。

ドイツの製品と聞くと、まずBMW、メルセデス・ベンツ、ポルシェ、アウディ、フォルクスワーゲンなどの自動車を思い出す人が多いのではないだろうか。たしかにドイツの自動車は、高速道路で時速150キロを超えるとタイヤが路面にぴったりと貼り付いたようになり、高い安定性を示す。200キロ近いスピードでもハンドルは揺れず、なめらかに操作できる。アクセルを少し踏むだけで、背中が座席に押しつけられるような加速。

あるドイツ人の知り合いは、すでに100万キロメートル以上走ったディーゼルエンジンのベンツに乗っている。ディーゼルの乗用車は、こまめに整備すると長持ちする。ドイツ車は、デジタル面では中国や米国の車に劣るが、機械的な部分、メカニカルな面では高い水準を保っている。価格は高いが、自動車ファンにとってドイツ車は深い魅力を秘めている。日本にも、ドイツ車ファンは少なくない。

ただしドイツの製品が優秀なのは、自動車だけではない。消費者の目につかない分野でも、優れた製品が沢山（たくさん）ある。

私が子どもだった頃、つまり昭和時代後半の日本では、「メイド・イン・ジャーマニー」という言葉に、独特の魅力があった。特にドイツ製の自動車、刃物、工具、文房具、鉄道模型については、その品質の高さゆえに、多くの日本人が憧れを抱いていた。今日ほど簡単に日本からドイツに旅行できなかった当時、親類や知人が海外の出張先から持ち帰ったドイツの製品は、私の目をひきつけた。

一眼レフカメラの分野では、第二次世界大戦後、長年にわたり日本の製品が世界でナンバーワンの地位を占めた。１９８０年代にホワイトハウスで大統領を撮影する報道カメラマンたちが使っていた一眼レフカメラは、全て日本製だった。

だが、日本製カメラが世界を席巻する前には、ドイツのライカの製品が世界で最も優秀と言われた。たとえば第二次世界大戦の戦場で取材した伝説的カメラマン、ロバート・キャパらはライカを使っていた。

2024年2月には、日本の三菱鉛筆が、ドイツの高級万年筆メーカーの老舗ラミー（1930年にハイデルベルクで創業）を買収すると発表した。日本にもラミーの製品の根強いファンは多い。繊維製品ではドイツよりもイタリアやフランスに軍配が上がるが、欧州の工業製品のチャンピオンはやはりドイツである。

私は1990年にドイツに住み始めてから、この国の工業製品の中に、本当に優秀な物があることを改めて感じた。分厚い石の壁でも瞬時に穴を開けるボッシュの電動ドリル、家具を組み立てる際にネジを効率よく回す電動ドライバー、屋外の寒さを遮断し暖房の効率性を高める二重窓。実際にドイツの暮らしの中で使ってみて、こうした製品の真の価値が初めてわかった。ドイツの製品は、他の欧州諸国でも人気がある。

ドイツの工業製品の優秀さ、高い技術力の源は、ドイツ人エンジニアのクラフツマンシップ（職人気質）だ。細部へのこだわりと完全主義には、日本人とやや似た面もある。

この国は19世紀末から20世紀の前半にかけて世界最高の技術大国・科学大国だったが、その陰にはこうしたドイツ人気質もあった。

中小企業が主役

ただしドイツで傑出しているのは大企業だけではない。むしろ製造業界の主役は、ドイツ語でミッテルシュタント（Mittelstand）と呼ばれる中小企業である。メディアや消費者にはあまり名前を知られていないが、特定の業界では世界市場で大きなシェアを占める一流企業が多い。

中小企業を専門に研究するボンの「中規模企業研究所（ＩｆＭ）」は、従業員の数が５００人未満で、毎年の売上高が５０００万ユーロ（85億円）未満の企業をＫＭＵ（小規模もしくは中規模の企業）と定義している。ＩｆＭによると、２０２３年11月の時点でドイツの３３９万社の企業の内、99・３％がＫＭＵつまり中小企業だった。この経済構造は、日本と似ている。

さらにＩｆＭは、家族の構成員など最大2人の経営者が、企業の権益の少なくとも50％を保有している企業をミッテルシュタントと呼ぶ。ＩｆＭは、「ＫＭＵとミッテルシュタントには重なり合う部分が多い」と説明している。従業員が５００人を超え、年間売上高が5000万ユーロを超えても、1人または2人の経営者が権益の50%以上を持っていれば、ミッテルシュタントと見なされる。本書ではKMUとミッテルシュタントをまとめて中小企業と呼ぶ。

IfMによると、2021年に中小企業はドイツ企業の総売上高の31・3%にあたる、2兆4400億ユーロ（414兆8000億円）を稼いだ。2021年のドイツの勤労者の54%にあたる1900万人が中小企業に雇用されていた。特に職業実習生の70・3%が、社員数が250人未満の中小企業で働いていた。つまり中小企業はドイツ最大の雇用主なのだ。

輸出志向が強いドイツの中小企業

ドイツの中小企業には、大企業に依存する下請けというイメージはない。彼らは輸出志向が強く、積極的に外国市場に進出する。この国の中小企業の2021年の輸出額は2277億ユーロ（38兆7090億円）だった。これはドイツ企業の総輸出額の15・9

%にあたる。

ＩｆＭによると、中小企業は２０２１年にドイツ企業が生み出した価値創出額の49・2%を生産した。中小企業は、この国の経済にとってなくてはならない存在である。

そのことは、企業団体の幹部の人選にも表れている。日本経団連や経済同友会の会長には、大企業の社長が就任することが多い。これに対しドイツの経済団体では、しばしば中小企業の社長がトップに選ばれる。これは、ドイツ経済における中小企業の重要性をよく表している。たとえば２０２０年からドイツ経営者連合会（ＢＤＡ）の会長を務めるライナー・ドゥルガー氏は、ハイデルベルクに本社を持つ比較的小規模な化学メーカーの社長だ。

ドイツ産業連盟（ＢＤＩ）は、日本経団連に相当する、ドイツ最大の経済団体だ。２００４年から４年間にわたりＢＤＩの会長を務めたユルゲン・トゥーマン氏は、デュッセルドルフの中小企業の社長だった。

ドイツの中小企業の特徴は、ニッチ市場（特定の製品だけに限られたマーケット）に特化することだ。幅広い分野で様々な製品を扱うのではなく、特定の製品に開発・販売のための努力を集中する。製品の種類が少なければ、開発や製造、販売のための組織が複雑にならず、費用の増大を防ぐことができるという利点がある。彼らはデパートではなく、専門店なのだ。

ドイツの中小企業が製造、販売するのは、テレビや自動車のように、消費者に直接売られる製品ではなく、他の企業に対して販売される製品であることが多い。こうした取引は、「ビジネス・トゥー・ビジネス（企業から企業へ）」という言葉の頭文字を取って、B2B取引と呼ばれる。

ドイツの一部の中小企業が全世界で大きなマーケットシェアを占めているのに、名前を消費者にあまり知られていないのは、消費者が直接触れることのない製品を扱う、B2B取引を行う企業が多いからだ。

B2Bに特化し大衆向け製品を避ける

中小企業がB2Bに集中するのは、付加価値が高い分野に特化するためだ。ドイツは社会保険料や税金が高い国だ。このため大衆向けの製品を手広く販売すると、価格競争に巻き込まれて赤字に陥る危険性が高い。実際ドイツでは、アパレル、白物家電など値引き合戦が激しい分野から撤退した企業が多い。中小企業は、自社が開発した秘伝のノウハウを武器にして、付加価値が高い製品を製造する。あるいは、ドイツ企業の部品や技術がないと、他の企業が生産活動ができないという環境を作り出す。そうすれば、その企業と長い取引関係を続けることができる。

ドイツの中小企業が無名であることは、むしろ利点でもある。彼らが売る製品は、消費者が直接購入するテレビや自動車に比べて目立たず、ニッチ分野に限られているので、大きなマーケットシェアを確保しても、政府やメディアに気づかれない。

20世紀の後半に日本製の繊維製品、テレビや自動車が、アメリカや一部の西欧諸国から「集中豪雨的な輸出」と批判されて袋叩きにされたことがある。これに対し、潜水艦のように深く静かに外国のニッチ・マーケットに食い込んでいくドイツの中小企業は、経済摩擦の火種になりにくい。大衆向け製品は扱わないので、広告に多額の費用をつぎ込む必要もない。

他社が真似できない製品を作る

中小企業の強さの秘密はどこにあるのだろうか。私は2004年から2011年までハレ経済研究所の所長を務めたウルリヒ・ブルーム教授に話を聞いた。彼によると、ドイツの中小企業の強さの源は、技術的な優秀性と正確さ、そして精密さを追求する姿勢にある。彼らは、特殊な技術により他社によって代替できないようなサプライヤーになることを目指す。

ブルーム氏は、バイエルン州のコブルクという町にある企業A社の例を挙げた。A社は、タービンのファンを作るための工作機械を製造している。ファンは、頑丈であるだけでなく柔軟性も備えていないと壊れてしまう。この会社は、特殊な製法でファンを製造する工作機械を、自社で作った工作機械によって製造している。ブルーム氏は言う。「つまりA社は、バリューチェーン（価値を創造するプロセス）の50％以上を自社で担当している。これは中小企業の大きな特徴だ。自動車メーカーのような大企業では、コスト削減のためにあえて下請けに出す部分を増やしているので、自社で担当する部分はバリューチェーンの5％程度にすぎない」

顧客にとっては、A社のように特別な技術を持つ中小企業を、他社によって代替することは難しい。「ドイツ企業は、こうした特殊な工作機械の分野で強みを持っているが、これは他社の製品によって代替しにくい分野だ」。つまり中小企業は特殊なニッチ技術によって顧客をがっちりつかんで、離さない。

またブルーム氏は、ノルトライン・ヴェストファーレン州のエスペルカンプにある、ハルティングという同族企業にも言及した。ブルーム氏は、1945年にハルティング夫妻が始めたこの企業を「自動車、コンピューター、工作機械を接続するコネクターの分野では世界のトップメーカーの一つ」と呼ぶ。世界中に約6200人の社員を抱えている。

ブルーム氏は「BMWやGMなど多くの自動車メーカーが、ハルティングのコネクターを使っている。他の会社はハルティングのコネクターをコピーしようとしたが、結局同社の水準に達することはできなかった」と語る。日本の中小企業と同じく、ドイツの中小企業も他社が模倣できない技術革新力によって生き残っているのだ。

「こうした分野では、価格だけが全てを決めるわけではない」。B2B取引では、顧客である企業自身もプロフェッショナルだ。彼らにとっては、中小企業が持つ高い技術水準が重要なのだ。

付加価値が高く顧客の要望に合わせたカスタム・メイドの製品を作っていけば、顧客は売り手が望む値段を払ってくれる。大企業に比べて有利な点もある。ドイツ株価指数市場（DAX）に上場している大企業は、四半期ごとに業績を公表しなくてはならないが、業績が伸びないと株主や投資アナリストから批判され、株価が下がる。これに対し株式を公開していない同族企業では、こうしたプレッシャーがない。これも大きな利点の一つである。

技術力で世界のニッチ市場を支配する多数の中小企業は、知名度は低くてもドイツの産業界を支える重要な存在なのだ。このため各州政府も、低利融資や債務保証など様々な方法によって中小企業を援助している。

他国より遅れたドイツの工業化

ドイツの物づくり産業は、どのように発展してきたのだろうか。この国の工業化が始まったのは、19世紀である。ドイツの工業化は、他国に比べてやや遅れた。

世界経済を大きく変えた産業革命の先駆者は、英国である。その革命は織物産業の機械化から始まった。18世紀の後半に紡績機が発明され、蒸気機関を利用した自動織機、大規模な紡績工場が作られた。１８１４年にはスティーヴンソンが蒸気機関車を実用化し、貨物や乗客の大量輸送が可能になった。英国は工業製品を世界各地へ輸出する「世界の工場」と呼ばれる先進国となった。

ドイツの工業化は、英国に遅れて始まった。このため工業化の先鞭(せんべん)をつけたのは繊維産業ではなく、鉄鋼業と鉄道関連産業だった。重厚長大産業が、いきなりドイツの工業化の主役となった。

19世紀にドイツの産業勃興に先鞭をつけたのは、鉄鋼業界だった。企業家フリードリッヒ・クルップがエッセンで鉄鋼会社を興したのは１８１１年。同族企業クルップはドイツの工業化とともに急成長し、一時は欧州最大の企業の一つだった。1914年~1918年の第一次世界大戦、1939年~1945年の第二次世界大戦でも、同社は軍需産業の一端として重要な役割を担った。その名は、今日でもティッセンクルップという鉄鋼企業の中に残っている。鉄鋼メーカーのザルツギッター社は1858年、鋼管メーカーのマンネスマンは1890年に創設された。この他にも19世紀にはザール工業地帯で3社の製鉄メーカーが創設されている。19世紀はドイツの「鉄の時代」だった。

ドイツで自動車メーカーが次々に誕生するのは、19世紀後半から20世紀前半にかけてである。シュトゥットガルト近郊で生まれたエンジニア、ゴットリープ・ダイムラーが世界で初めて乗用車に使う小型エンジンを開発して特許を取得したのは1885年だった。ダイムラーはこのエンジンを使って四輪乗用車を作った。世界最初の自動車の一つである。ダイムラー・ベンツ社の創設は1926年(現在の社名はメルセデス・ベンツ)。1862年には後のオペル社の前身となるミシン製造メーカーが、今日のヘッセン州のリュッセルスハイムに創設された。オペルは1909年にトラックの製造を開始し、1920年代にはドイツ最大の車両メーカーとなった。

１９１０年代には、今日のバイエルン州で「バイエルン・エンジン製作所」、つまりＢＭＷが創設された。アウディの前身「アウグスト・ホルヒ自動車製作所」がツヴィッカウに創設されたのは１９０９年。自動車エンジニア、フェルディナンド・ポルシェ博士がレーシングカー製造企業を興したのは１９３１年、ナチスの命令で国民車を製造するために、フォルクスワーゲンという国営企業がヴォルフスブルクに創設されたのは１９３７年だった。ポルシェ博士も後にナチスに協力し、軍部のために戦車や自走砲を設計する。

ドイツで優秀な自動車部品メーカーが産声を上げたのも、19世紀後半から20世紀前半だ。自動車の点火装置の発明者ロベルト・ボッシュが同名の企業を興したのは１８８６年。同社は約42万６０００人を雇用する世界有数のテクノロジー企業に発展した。タイヤなどで有名なコンチネンタルは１８７１年創業、自動車ギアボックスなどで知られるＺＦフリードリヒスハーフェンの創業は１９１５年、エンジンのピストンの製造で知られるマーレは１９２０年に創業した。

ドイツ産業界の柱・化学業界も19世紀に勃興

19世紀に産声を上げ、今なおドイツの産業界の重要な柱としての地位を保っているのは、化学業界だ。ルートヴィヒスハーフェンに本社を持つ化学企業ＢＡＳＦは、世界95カ国で約11万２０００人を雇用し、２０２３年の売上高は６８９億ユーロ（11兆７１３０億円）。世界最大の化学企業である。ＢＡＳＦが創設されたのも、ドイツの産業勃興期の只中の１８６５年だった。他にもドイツにはバイエル（１８６３年創業）、ヘンケル（１８７６年創業）、ヴァッカー（１９１４年創業）、ヘキスト（１８６３年創業）など世界的に有名な化学企業がある。１９２５年にはＢＡＳＦやバイエル、アグフアなど8社の化学企業が統合されて、フランクフルトにＩＧファルベンという化学・製薬コンソーシアムを作ったが、この会社は当時世界最大の化学企業だった（同社はナチスの戦争政策にも深く協力し、アウシュビッツ強制収容所の近くでユダヤ人らに強制労働を行わせた。同社は１９５２年に清算され、２０１２年に企業登録を抹消された）。

ドイツは元々数多くの王国や大公国がひしめきあう地域だった。工業化は、１８７１

年のドイツ統一を促すきっかけにもなった。バイエルンやプロイセン、ザクセン、ヴュルテンベルクなど7つの王国や大公国が１８３４年に関税同盟を結成し、貿易関税を廃止した。１８５４年までに14カ国がこの関税同盟に加わった。製品や原料を別の国に輸送する際に、いちいち関税を払っていたらスピーディーな国際ビジネスはできない。このドイツ関税同盟は、当時としては米国・英国に次いで世界で3番目に大きい経済圏を形成した。

ドイツ連邦で工業化が最初に進んだのは、鉄鋼業が集中したルール工業地帯と並び、現在のザクセン州、そしてバイエルン州の北部にあたる地域（フランケン地方）だった。ドイツ最初の鉄道は、１８３５年にフランケン地方のニュールンベルクとフュルト間に敷かれた。だがこの鉄道は全長がわずか6キロメートルしかなく、本格的な商業鉄道は１８３７年に、ザクセン王国のドレスデンとライプチヒ間に開設された。

鉄道建設は、ドイツの工業化の起爆剤となった。鉄道産業は、鉄鋼や石炭への需要を飛躍的に高めた。１８４０年にはドイツの鉄道の全長は５８０キロメートルにすぎなかったが、１８７０年には2万５０００キロメートルに達している。

1850年から1890年までに生産された鉄鋼の半分が、鉄道建設に使われた。この期間にドイツで行われた投資額の25％が鉄道につぎ込まれている。鉄道建設ブームは石炭と鉄鋼に対する需要を急激に増やし、ライン川沿いのルール地方で鉄鋼業と採炭業を盛んにした。1840年には、鉄道の建設や運営にたずさわる労働者の数は4万人前後にすぎなかったが、その数は6年後には4・5倍にふくれあがった。

鉄道建設ブームは、今日でも名前が残るドイツの大手機械メーカーの母体を次々に生んだ。たとえばベルリンのアウグスト・ボルジグ社は当時世界第3位の蒸気機関車メーカーになった。ミュンヘンのヨーゼフ・アントン・マッファイ社、ハノーバーのハノマーグ社、カッセルのヘンシェル社などの前身はこの時期に産声を上げた。また1837年にケムニッツに創業した「ザクセン機械工場」は、約4700両の蒸気機関車を生産した、ザクセン王国最大の機械メーカーだった（この会社は現存しない）。

ザクセンは中世以来、陶芸、宝飾、織物、手工芸などの伝統産業で知られていたが、19世紀に鉄道建設ブームが始まると、一挙にドイツで指折りの産業地域となった。特に車両の製造で知られるケムニッツは、当時のドイツ連邦で最も重要な産業都市の座にのし上がった。

物づくり王国バーデン・ヴュルテンベルクの秘密

今日ドイツの製造業の中心地の一つであるヴュルテンベルク地方でも１８４６年には、シュトゥットガルト郊外のエスリンゲンにこの地域で初の機関車工場が作られた。

ドイツの他の地域に比べると「遅咲きの花」だったヴュルテンベルクだが、19世紀の後半から俄(にわか)に近代化のスピードを増す。この地域には、元々手工業の伝統があったが、１８４８年５月にヴュルテンベルグ王国が工業化へ向けた重要な布石を打つ。王国政府が中央商工業局という役所を新設し、職業教育を強化するとともに、外国の新技術の導入に力を入れたのだ。中央商工業局を率いたフェルディナンド・フォン・シュタインバイス政府参事官（１８０７年～１８９３年）は、地域の産業振興に尽力した。彼は国内企業に対し博覧会や見本市への参加や、製品輸出を促進した。

ヴュルテンベルグ王国では、中央商工業局の後押しによって、19世紀の中頃に次々に新企業が誕生した。その多くは今も活躍している。WMFのマークが付いたフライパンや鍋、ナイフやフォーク、コーヒーマシーンで知られるヴュルテンベルク金属製品工場(1853年創業)、後に鉄道模型で世界的に有名になるメルクリン社の前身(1857年創業)、消防用のはしごや、トラックを製造したマギルス・ドイツ社(1864年創業)、ブレーキや製紙機械、発電機の部品などの総合機械メーカーであるフォイト社(1867年創業)などはその例だ。

ドイツでは、細かい手作業が好きで、発明が得意な人のことをテュフトラー(Tüftler)と呼ぶが、今日のバーデン・ヴュルテンベルク州を含むシュヴァーベン地方はテュフトラー、発明家、起業家が特に多いことで知られる。

1919年生まれのアルトゥール・フィッシャー氏はその一人だ。石の壁に棚や額縁を取り付ける時には、まず壁にドリルで開けた穴にプラスチック製のデューベルと呼ばれるネジ受けを差し込まなくてはならない。ネジ受けを差し込まないと摩擦が少ないので、ネジは棚などの重量を支えられない。フィッシャーはプラスチック製で摩擦度が高いネジ受けを発明し、巨額の富を築いだ。ドイツでこのネジ受けが使われていない家庭や企業、作業現場はない。96年の生涯に約２２００件の発明を行った、ドイツで最も有名な発明家の一人である。

現在バーデン・ヴュルテンベルク州にはメルセデス・ベンツ、ポルシェ、ボッシュなどの本社がある他、高い技術革新力を持つ多数の中小企業がひしめいている。その背景には、多数のテュフトラーを生んだシュヴァーベン地方の伝統があるのだ。後年ドイツのエンジニアたちは超音速の大型ロケット（Ｖ２号）、音声圧縮技術（ＭＰ３）、ファックス技術、リニアモーターカー技術などを開発したが、その源は19世紀に大きく伸びたイノベーション力にある。

「国際政治では小人、経済では巨人」がモットー

第二次世界大戦中には、多くのドイツ企業がナチスの戦争政策を支援し、兵器など軍需物資の生産に加わった。強制収容所の囚人を兵器工場で働かせた企業もあった。製品を軍に納入することで収益を増やした会社もあった。大半の企業の生産施設は連合軍の

空襲や米軍、ソ連軍との地上戦によって破壊され、多くの社員が戦死した。ソ連の支配下に置かれた東ドイツでは、企業の不動産や戦災を免れた生産設備の一部が、ソ連に没収された。

だが西ドイツは日本と同じく瓦礫（がれき）の山から奇跡的な経済復興を遂げ、世界有数の物づくり大国、貿易大国の地位に就いた。西ドイツは、ナチスによる約600万人のユダヤ人殺害などの犯罪や、欧州の多くの国々に与えた損害について謝罪・反省し、あえて「国際政治では小人、経済では巨人」になろうとした。つまり領土・勢力圏の拡張など、地政学的な競争には加わらずに、工業生産・貿易に力を注ぎ、社会保障によって国富を国民に分け与えるという政策だ。

さらに西ドイツは欧州経済共同体（EEC＝後の欧州連合）や北大西洋条約機構（NATO）などの国際機関に身を埋め、独り歩きをしないことが、周辺国だけではなく自国のためにもなるという路線を取った。

また歴史教育や報道を通じて、ドイツの若い世代にナチスによる犯罪を詳しく伝えるという姿勢も貫いてきた。これらの政策は、周辺諸国に一定の安心感を与え、ドイツが

ＥＵで事実上のリーダー国となることを可能にした。逆に言えば、ドイツが過去の犯罪について謝罪したり、歴史教育を通じて若者にナチスの時代について伝えたりしなかったら、周辺国などから信頼されることはなく、経済関係も緊密にならなかっただろう。

ユーロ導入がドイツ経済に追い風

ドイツが東西冷戦後に踏み切った、最も根本的かつ重要な経済改革の一つが共通通貨ユーロの導入だ。多くのドイツ市民・企業にとって、マルクは第二次世界大戦後の西ドイツの経済復興の象徴だった。このため当初ドイツではマルク廃止に反対する声が強かった。一方当時欧州では、東西統一によって、ドイツ経済がこれまで以上に強力になり欧州を牛耳るのではないかという懸念が強まっていた。特に隣国フランスのフランソワ・ミッテラン大統領（当時）は統一ドイツの「独り勝ち」について不安を抱いた。

そこでドイツのヘルムート・コール首相（当時）は１９９２年２月７日に、欧州通貨統合に関する規定を含むマーストリヒト条約に調印した。ユーロは、２００２年１月１

日にまずドイツやフランスなど12カ国で導入された。1990年代に、財務省のある幹部は「我々はもう二度と欧州の問題児になりたくない。我々はマルクを発展解消させて欧州に深く身を埋めることにより、結局はドイツという国をこれまでよりも強くする」と語った。

この幹部が予言したように、ユーロ導入で最も大きな利益を受けたのは、物づくり大国ドイツだった。たとえばユーロ圏の誕生により、為替リスクが消滅したことは、ドイツ企業にとって大きなプラスとなった。以前は、イタリアのリラやスペインのセタなど他の欧州通貨に対するマルクの交換レートが強くなったために、外国でドイツの製品の価格競争力が弱まり、売上高が減ることがあった。だがユーロ導入により、ドイツ企業はこのリスクから解放された。両替のための手数料や事務手続きも不要になった。彼らはマルクを捨てることによって、より大きな経済的利益を手にした。ドイツ企業は、約5億人が生活する、世界最大の消費市場に容易にアクセスできるようになった。

欧州通貨統合に並行して進められた政治的統合も、ドイツ経済にとって追い風となった。その象徴が国境の垣根を撤廃したシェンゲン協定だ。1990年にドイツ、フランス、イタリアなど6カ国がシェンゲン協定に明記された国境検査の撤廃に同意した。これらの国の間では、1995年から高速道路、鉄道、空港でのパスポート検査や税関による検査が廃止された。国境間の検問所もなくなった。このためトラックによる商品などの輸送が、以前に比べて迅速に行われるようになった。

EUによると、2024年2月の時点でEUおよび欧州自由貿易連合（EFTA）の加盟国など27カ国がシェンゲン協定に参加している。同協定が適用されている地域の面積は400万平方キロメートル、人口は4億2000万人にのぼる。2024年4月1日からはブルガリアとルーマニアもシェンゲン協定に部分的に加わり、空路・海路の入国については国境検査が廃止された。

欧州統合はどの程度の経済効果をドイツにもたらしたのか。2019年にドイツのベルテルスマン財団が公表した報告書によると、ドイツのGDPは、統合前よりも1年当たり860億ユーロ（14兆6200億円）多くなっている。EUの市場統合によってEU市民の年間平均所得は1人当たり840ユーロ（14万2800円）増えたが、ドイツでは1人当たり1046ユーロ（17万7820円）増えた。

近年ドイツでも極右政党が支持率を伸ばしている。ドイツのための選択肢（ＡｆＤ）という極右政党は「ＥＵを改革できない場合には、ドイツはＥＵを脱退すべきだ」と主張している。これに対しドイツ経済研究所は２０２４年2月に「万一ドイツがＥＵとユーロ圏から脱退するとしたら、ドイツのＧＤＰは毎年４０００億～５０００億ユーロ（68兆～85兆円）減り、２２０万人が職を失うだろう」という予測を発表した。

つまり21世紀にドイツの名目ＧＤＰが伸びた背景として、ユーロ導入を始めとするＥＵの市場統合・政治統合の効果も無視することはできない。

社会的市場経済で富の再配分を重視する

ドイツの経済システムは、米国や英国とはかなり違う。米英の資本主義は、市場原理や自由競争を最も重要視し、「小さな政府」を目指す。これに対し、ドイツは社会保障を重視し、企業に対しては政府が作った枠組みの中で競争することを求める。ドイツの経済システムは、「社会的市場経済」と呼ばれ、米英とは一線を画している。多くの米国人の目には、ドイツは「社会主義国」として映るに違いない。

たとえば競争に負けた敗者を、政府が社会保障制度や助成金によって救済しようとする傾向が、米英よりも強い。ドイツ連邦財務省によると、連邦政府の２０２４年度予算の内、公的年金の補填など社会保障向け予算の額は、45・８％（２１８３億ユーロ＝37兆１１１０億円）と最大の比率を占めている。

１９６３年から１９６６年まで首相を務めたルートヴィヒ・エアハルトが１９５７年に発表した「Wohlstand für alle（繁栄を全ての国民に）」という本には、富の集中を避けて、社会保障制度や税制によって再配分を図る社会的市場経済の精神が込められている。ドイツの公的年金保険、健康保険、介護保険、労災保険といった社会保険制度は日本よりも手厚い。日本の制度はドイツよりも、社会保障が手薄な米国に近づいているという印象を持つ。

エアハルトがこの本を出版したのは、ナチス第三帝国の崩壊から12年後だった。それだけに西ドイツ政府が採用した社会的市場経済は、ナチス時代の計画経済の余韻を残すものだが、その枠組みは今日も維持されており、大半の国民から支持されている。

さて現在欧州諸国の間では、ドイツに対して期待するものが変わりつつある。ドイツがロシアから割安なエネルギーを大量に輸入し、長年にわたりプーチン政権に対して宥和的な政策を取ってきたことについて、ポーランドやバルト三国などから批判の声が高まっている。ドイツのロシアからの天然ガスへの依存度が2021年に約60％に達したのは、今考えると明らかに行きすぎだった。2022年のロシアのウクライナ侵攻以降欧州では、「ドイツは経済の巨人であるだけではなく、軍事・外交の面でもリーダーシップを発揮してほしい」という意見が強まっている。

2024年のドイツの防衛予算は、ロシアのウクライナ侵攻後に創設された「連邦軍特別予算」を含めても712億ユーロ（12兆1040億円）で、社会保障予算の約3分の1にすぎない。今後ドイツは、ロシアの脅威から身を守るために、より多くの国富を防衛につぎ込むことを余儀なくされる。

物づくり大国・社会保障大国ドイツは、今後欧州の安全保障でも大きな役割を果たさなくてはならない。

第4章　円安とドイツのインフレも順位逆転の一因

インフレが名目GDPを押し上げた

前章までに詳しくお伝えしたように、2023年までにドイツの名目GDPは、日本に迫っていた。2023年にダメを押すようにドイツの名目GDPを第3位に押し上げたのが、ドイツのインフレと日本の円安だ。

ドイツは他の欧州諸国同様に、2022年と2023年に異常な物価高騰に直撃された。GDPは、1年間にその国で生産された財やサービスの合計だが、名目GDPでは、物価上昇の影響が考慮されていない。

物価上昇率の影響を取り除いたGDPを実質GDPと呼ぶ。日本銀行は、「名目GDPは実際に取引される価格水準を基準として推計されるので、物価変動の影響を受ける。これに対して、実質GDPは、ある年（基準年）の価格水準を基準としており、物価変動要因が取り除かれている」と説明している。

実際、2023年のドイツの名目GDPは、インフレによって押し上げられた。インフレの引き金は、2022年のロシアのウクライナ侵攻だ。この戦争の影響で、ドイツ

図表3-1　ドイツのインフレ率の推移（1951～2023年）

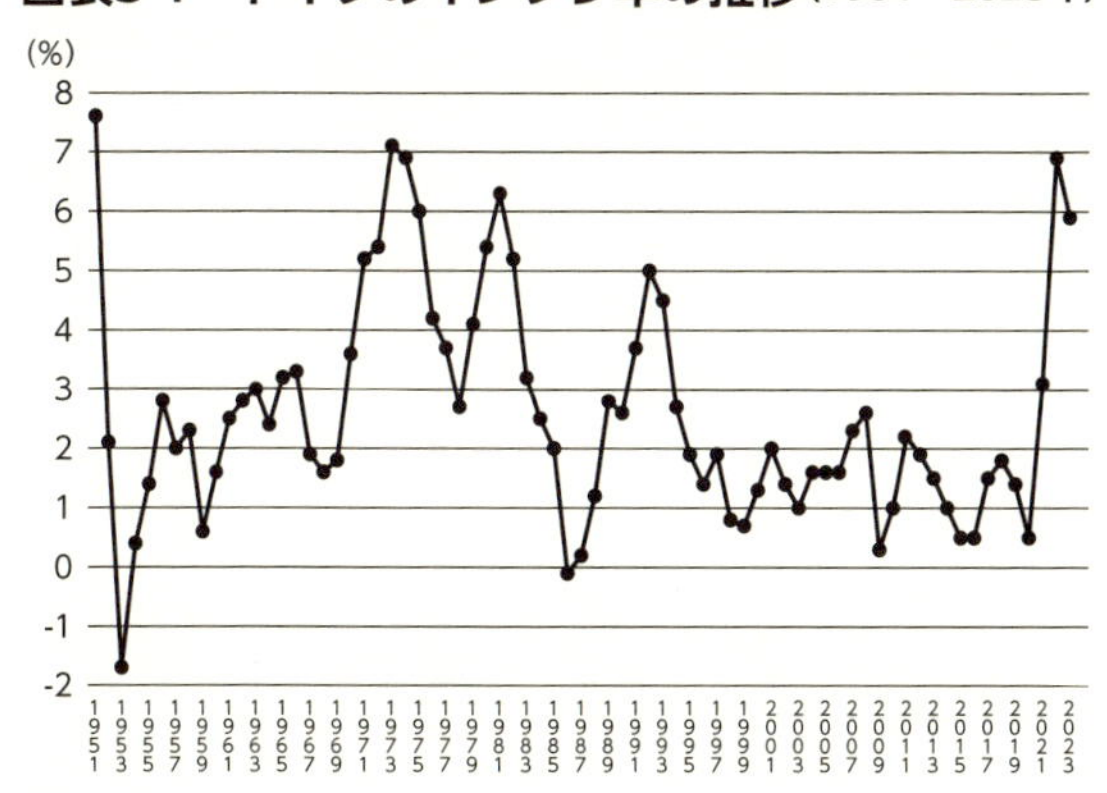

出所：Statista

は過去49年間で最悪のインフレを経験した。連邦統計局によると、エネルギーや食料品の価格が高騰したため、２０２２年のドイツの消費者物価上昇率は前年比で６・９％、２０２３年には前年比で５・９％だった。２０２２年のドイツのインフレ率は、第一次石油危機が起きた１９７３年（７・１％）以来最も高かった。

２０２２年８月にロシアが海底パイプラインを通じた天然ガスの供給を停止してからは、エネルギー価格の高騰がインフレに拍車をかけ、同年11月の消費者物価上昇率は８・９％に達した。

ドイツの日常生活に見るインフレの爪痕

私は１９９０年以来34年間ドイツに住んでいるが、ロシアのウクライナ侵攻直後ほど激しい物価上昇を経験したのは、初めてだった。私は２０２２年９月にミュンヘンのスーパーマーケットに買い物に行って、驚いた。１リットル入りの牛乳の値段が１・68ユーロ（２８６円）になっていた。ウクライナ戦争前には、１ユーロ出せば釣銭が返ってくる牛乳があったが、その時には一つもなかった。

安売りスーパー・アルディは、２０２２年７月１日に１リットル入り牛乳（有機農法で作られたビオ牛乳）の値段を１・15ユーロ（１９６円）から一挙に１・69ユーロ（２８７円）に引き上げた。約47％の値上げは、異例だ。

牛乳値上げの主な理由は、生産者価格の上昇だ。食料・農業省によると、２０２２年７月の生乳１００キログラムの生産者価格は１年前に比べて53・７％も上昇して55・04ユーロ（９３５７円）になった。電気代、農家が使うトラクターのディーゼルエンジン用の軽油や、飼料の価格などが上昇したためである。

　また小売価格の上昇には、天然ガス価格の高騰も影響した。乳製品の製造には、天然ガスが多く消費される。ロシアが海底パイプライン・ノルドストリーム1を通じたガスの供給を8月31日に完全に停止したために、天然ガスの卸売価格が一時1メガワット時当たり300ユーロ（5万1000円）を超えた。1年前の同じ時期に比べて約7倍の増加率だ。食用油、パン、バターなど日常生活に欠かせない食べ物の値段がみるみるうちに上昇した。

　ドイツの日刊紙ターゲスシュピーゲルが公表した「インフレ・モニター」によると、2022年8月のバターの価格は前年同期比で49％、食肉は19％、パンは17％、ビールは7％上昇した。同紙によると、インフレによって貨幣の購買力が激減し、2015年に2ユーロ（340円）出せば250グラムのバターを買えたが、2022年夏に2ユーロを出しても、半分以下の112グラムしか買えなくなった。

　私はミュンヘンの町のあちこちで物価上昇に気づいた。ロシアのウクライナ侵攻が始まる前には、ある露店で売られている鶏の丸焼き（ハーフサイズ）の値段は5・5ユーロ（935円）だったが、2022年9月には6ユーロ（1020円）出さないと買えなくなった。露店で売られている、炭火を使ったサバの串焼きの値段も、戦争前の8ユーロ（1360円）から12・5％引き上げられて9ユーロ（1530円）になった。

特に高くなったのが、エネルギーだ。連邦統計局は、2022年9月29日に、「2022年9月の消費者物価上昇率の中で、最も上昇率が高かったのが電力、ガス、燃料などのエネルギーで、前年同月比で43・9％高くなった」と発表した。

自動車用のガソリン、ディーゼル用の軽油の価格は、ロシアのウクライナ侵攻が始まって以来、劇的に上昇した。ドイツ自動車クラブ（ADAC）の統計によると、2022年3月に1リッターのガソリンとディーゼル用軽油の価格は、初めて2ユーロ（340円）を超えた。私も3月8日に自宅近くのガソリンスタンドで、1リッターの軽油が2・249ユーロ（382円）という驚異的な価格を見た。

ドイツのインフレ率は2022年に6・9％、2023年に5・9％だったが、日本の2022年の消費者物価指数（総合）の上昇率は前年比で2・5％、2023年は3・2％だった（総務省調べ）。ドイツの2023年の物価上昇率は、日本の1・8倍だった。

物価が上昇すれば、財やサービスの合計であるGDPも上昇する。このように、ドイツのインフレが日本よりもはるかに深刻だったことが、ドイツの名目ＧＤＰを押し上げる原因の一つになった。

円安が日本の名目ＧＤＰを引き下げた

２０２３年に日本の名目ＧＤＰがドイツに抜かれたもう一つの理由は、円安だ。つまりドルに対する円の交換レートが下がったからだ。

ＩＭＦの統計はドル建てである。日本銀行によると２０２３年の年初（１月４日）には、交換レートが１ドル＝１３１・30円（１円＝０・００７６ドル）だったが、２０２３年の年末（12月29日）には１ドル＝１４１・40円（１円＝０・００７１ドル）だった。この期間にドルに対する円の交換レートは、約６・６％減ったことになる。

一方この時期にユーロの交換レートは、ドルに対して下落しなかった。たとえば２０２３年の年初（１月４日）には１ユーロ＝１・０５４６ドルだったが、２０２３年の年末（12月29日）には１ユーロ＝１・１０６６ドルだった。つまりこの期間に、ドルに対するユーロの交換レートは、約4・9％改善した。ドルで表した円の価値が下がったのに対し、ドルで表したユーロの価値は逆に増えた。このことも、ドル建てで表示した場合、日本の名目GDPが、ドイツの名目GDPよりも少なくなった理由の一つだ。

2023年に円安が起きた理由は、当時日本と米国・欧州の間の金融政策の間に違いがあったからだ。2022年から2023年にかけて、欧米の通貨当局はインフレ退治のために金融引き締めを実施したが、日本銀行は当時引き締めを実施しなかった。このため大きな金利差が生じた。

米国ではロシアのウクライナ侵攻が起きる前から、物価上昇率が高まる傾向にあったが、戦争が勃発した直後の2022年3月には8・5％、2022年6月には9・1％という高水準に達した。インフレは貨幣価値や市民の購買力を減らすので、通常中央銀行は金融引き締めによってインフレ率を下げようとする。米国の連邦準備制度理事会は、インフレを抑えるために2022年3月以降政策金利を11回にわたり引き上げ、2023年7月には5・5％という高い水準に達した。この「カンフル注射」によって米国のインフレ率は、2023年11月には3・1％にまで下がった。

ユーロ圏の金融政策を司る欧州中央銀行（ＥＣＢ）も似た政策を取った。ユーロ圏のインフレ率は２０２２年1月には前年同月比で５・１％だったが、ロシアのウクライナ侵攻が始まると急上昇し、同年10月には10・６％という過去最高値を記録した。インフレが長く続くと、貨幣の価値や市民の購買力を減らすため、経済にとって有害である。

ＥＣＢは２００９年に表面化したユーロ危機以来、ギリシャやイタリアなどを支援するためにゼロ金利政策を続けてきた。だがＥＣＢは、ロシアのウクライナ侵攻後の２０２２年7月にゼロ金利政策と訣別し、政策金利を10回にわたって引き上げた。この結果ユーロ圏の政策金利は２０２３年9月には４・５％に達した。金融引き締めは、てきめんに効果を発揮した。ユーロ圏のインフレ率は、２０２２年12月には９・２％だったが、1年後の２０２３年12月には２・９％に下がった。２０２４年3月のインフレ率は、２・４％。ＥＣＢが適正水準と見なすインフレ・ターゲットの２％は、目前である。

ユーロ圏で最もＧＤＰが高い経済大国ドイツでも、金利引き上げの効果が表れ、２０２４年3月の消費者物価上昇率は２・２％まで下がった。

米欧と日本の間に大きな金利差

つまりユーロ圏と米国の通貨当局は、共同歩調を取って、インフレの火を消すために金融引き締めへ向けて舵を切り、政策金利をそれぞれ4・5%、5・5%という高い水準に引き上げた。

これに対し日本の政策金利は、2016年から2023年までマイナス0・1%という極めて低い水準にあった。2022年・2023年に米国・欧州と日本の政策金利の間に大きな差が生じたことは、円がドルやユーロに対して安くなる傾向につながった。日本銀行は、2024年3月19日にマイナス金利政策を解除していわゆる「異次元緩和」とは訣別したものの、今も基本的には金融緩和政策が続いている。日銀の国債保有残高が多いので、政策金利を大幅に引き上げることができないのだ。

当時海外では、日本の金融政策について厳しい意見も聞かれた。2023年11月1日にブルームバーグは、「ドイツ銀行のアナリストは、『日本銀行が金融引き締めを行わないために、円はトルコのリラやアルゼンチンのペソ並みに弱い通貨になっている』と述べた」と報じた。リラやペソは、金融の専門家の間では、「弱い通貨」の代名詞だ。そうした通貨と同列に見られるほど、当時の円はドルやユーロに対して弱くなっていた。このアナリストの発言は極論だが、日本の外では円に対する見方が厳しくなっていたことを示唆するものだ。

このように、欧米の通貨当局が、ロシアのウクライナ侵攻が引き起こしたインフレに対処するために政策金利を大幅に引き上げたのに対し、日銀が２０２３年もマイナス金利政策を取っていたことが、２０２３年にドルに対する円安を加速した。これに対しユーロの対ドル交換レートは、円ほど安くならなかった。

ドイツのインフレと円安は、２０２３年に日本とドイツの名目ＧＤＰの順位を逆転させる、「最後の一押し」となった。

ちなみに円安は、２０２４年に入っても続いている。ドルの円に対する交換レートは、２０２４年4月29日に一時１ドル＝１６０円という過去34年間で最も高い水準に達した。日銀の植田和男総裁はこの直前、基本的に金融緩和の姿勢を続ける方針を打ち出していた。このため２０２４年のＩＭＦの統計でも、円安の影響でドル建ての日本の名目ＧＤ

Pがさらに下がる可能性が強い。

第5章　ドイツ経済の危機

実はドイツ経済は落ち込んでいる

「ドイツの名目GDPが日本を抜いて3位になった」というニュースは、2023年10月に日本で多くのメディアが報じ、世間の関心を集めたが、ドイツでは日本ほど注目されなかった。名目GDPが米中に次いで世界第3位になったことを、喜ぶ空気は全くなかった。多くのドイツ人は、このニュースを聞いて「本当か？　とても信じられない」と首を傾げていた。

その理由は、ドイツが2022年のロシアのウクライナ侵攻以来、深刻な景気後退に苦しんでいるからだ。この国では、連日のように不況が市民生活に及ぼす悪影響について報道されている。私も「ドイツが名目GDPで日本を抜いた」というニュースを、一瞬信じられなかった。

2022年と2023年にドイツ経済は、厳しい状況にあった。IMFおよび連邦統計局の2024年4月16日の発表によると、2023年のドイツの実質GDP成長率はマイナス0・3％だった。G7の中でマイナス成長はドイツだけである。2023年の

図表4-1　2023年の実質GDP成長率

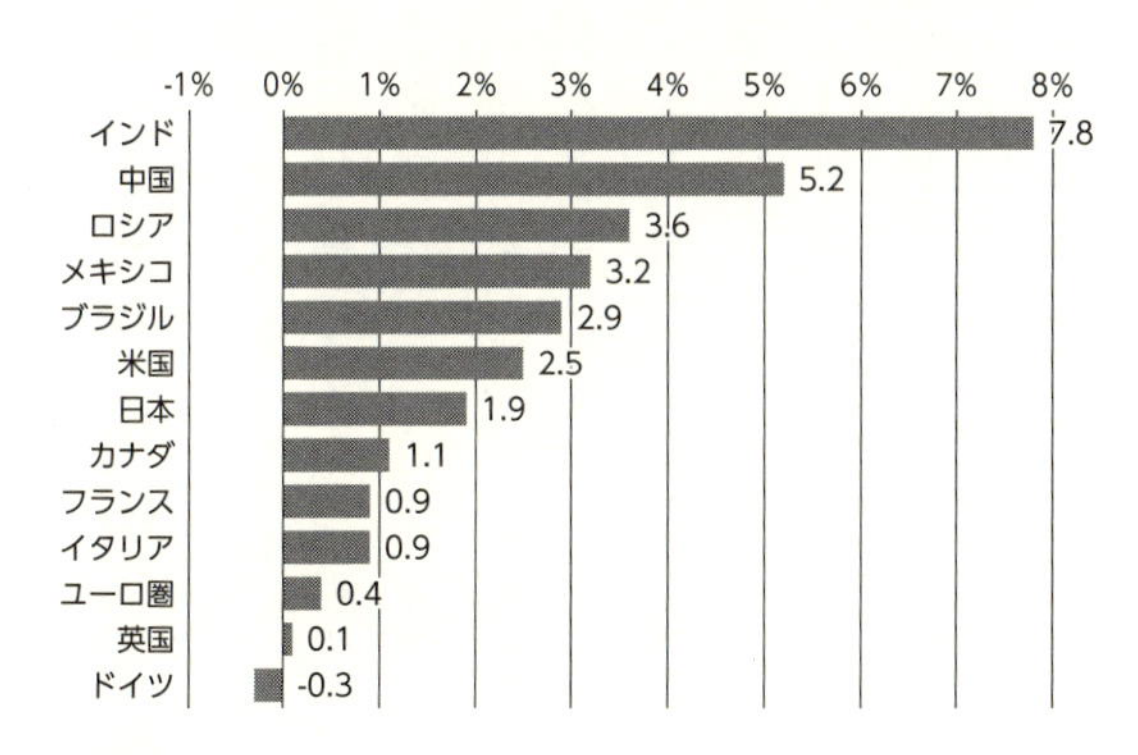

出所：IMF

ユーロ圏の平均成長率はプラス０・４％だった。つまり欧州経済を牽引する機関車役であるべきドイツが、ユーロ圏全体の足を引っ張っている。同国は欧州の「劣等生」の地位に転落した。新興国ブラジルやメキシコにも負けている。その凋落ぶりは、英国のエコノミスト誌が２０２３年にドイツを「欧州の病人」と呼んだほどだ。

マイナス０・３％という数字が、インフレの影響を差し引いた実質ＧＤＰの変化率であることに注目してほしい。つまりインフレの影響を差し引くと、ドイツ経済は２０２３年に縮み、日本経済は１・９％成長した。

激しいインフレで国内需要・輸入が冷え込み

なぜドイツは「欧州の病人」になったのだろうか。2020年には、ドイツの実質GDPはコロナ禍による不況のためにマイナス3・8%という建国以来2番目に大きな減少率を記録した。その後同国の実質GDPは2021年にプラス3・2%になり、回復基調に乗るかに見えた。しかし前章でお伝えしたように、ロシアがウクライナ侵攻を開始すると、異常な物価上昇に襲われ、2022年の実質GDP成長率はプラス1・8%にダウンし、2023年にはマイナス0・3%に転落した。同国政府の経済専門家評議会は、2024年の成長率も、プラス0・1%とほぼ横ばいになると予想している。

ドイツなど欧米諸国はウクライナに侵攻したロシアに対して、2022年以来様々な経済制裁措置を行っている。だがそれにもかかわらず、ロシアの2023年の実質GDPが3・6%成長し、ドイツの成長率を大きく上回ったのは皮肉だ。鳴り物入りで行われた西側の対ロシア経済制裁は、あまり効果を上げていないようだ。

ドイツがマイナス成長を記録するのは、1948年の建国以来9回目。その内5回が、

21世紀に入ってから起きている。

なぜロシアのウクライナ侵攻が、ドイツをマイナス成長に追い込んだのだろうか。同国は外国から輸入する天然ガス、石炭、原油の大半をロシアに頼っていた。連邦系統規制庁によると、ドイツが2021年に輸入していた天然ガスの内60・3％がロシアからだった。ドイツはロシアがエネルギーを政治的な武器として使うことはあり得ないと信じ込んでいた。

ウクライナ侵攻後は、高い依存度が裏目に出た。電力・天然ガスなどエネルギー価格の高騰、原材料費の値上がりとサプライチェーンの寸断、国内消費の減退、金融引き締めによる不動産不況、長年続いた住宅建設ブームが終わったことによる建設業の不振、労働力不足などが、欧州最大の物づくり国家ドイツを襲った。

特に大きな打撃を受けたのが、この国の稼ぎ頭・製造業界だ。ドイツの製造業界は、輸入される天然ガスのほぼ4割を消費している。物づくり業界が、ドイツ最大の天然ガス消費者なのだ。2022年6月後半にロシアが海底パイプライン・ノルドストリーム1（NS1）を通じた天然ガスの供給量を徐々に減らし始め、8月31日には供給を止めた。東西冷戦中にも起きたことがない、異常事態である。

ＮＳ１停止後、ドイツは外国からの液化天然ガス（ＬＮＧ）に依存するようになったが、ＬＮＧの値段は、ロシアのパイプライン経由の天然ガスのほぼ２倍だ。ドイツの製造業界の血液とも言うべき天然ガスの値段が倍増したのだ。

欧州では電力の卸売価格は天然ガスの卸売価格と連動している。つまり天然ガスの価格が上がれば、電力料金も高くなる。メーカーが工場で使う電力の価格も、ウクライナ戦争前に比べて上昇した。このため、化学、製鉄、製紙、金属加工、ガラス、窯業などの業種は、エネルギー価格の高騰によって苦しんでいる。

２０２４年以降イエメンのテロ民兵組織フーシが、紅海を通過するコンテナ船などに攻撃を繰り返しているため、中東からドイツへ向かうＬＮＧ輸送船は、アフリカの喜望峰を回ることを余儀なくされている。このため輸送費用が上昇している。２０２４年１月には米国のバイデン政権が、環境保護を理由に、新規のＬＮＧ輸出許可の凍結を発表した。米国が輸出するＬＮＧのほぼ半分が欧州向けなので、この突然の凍結措置も、中長期的にＬＮＧ価格を押し上げる可能性がある。天然ガスを多く消費するドイツの産業界にとっては不利な状況だ。

世界最大の化学メーカーであるドイツのＢＡＳＦがルートヴィヒスハーフェンの本社工場で使っていた天然ガスの約半分が、ロシアから輸入されていた。金属加工業、窯業、レンガ製造業などの業界では、天然ガスの価格を急に引き上げられたため、生産を縮小したり、廃業したりする企業が現れた。製紙業界では、紙を乾燥させるために天然ガスを多く使用する。たとえばトイレットペーパーのメーカー、ハクレ（本社デュッセルドルフ）は、エネルギー費用の高騰のために、２０２２年9月に倒産した。

割安のエネルギーをロシアから輸入し、高級車や工作機械、化学製品など付加価値が高い製品を輸出して国富を増やすという、ドイツが長年続けてきたビジネスモデルは、ロシアのウクライナ侵攻によって破綻した。エネルギー費用の高止まりは、製造業界の国際競争力を侵食する。この劇的なビジネス環境の変化も、ドイツの景気後退の一因である。

エネルギー費用の高騰で生産設備が外国へ流出？

これまでもドイツ産業連盟（ＢＤＩ）などは、「ドイツのエネルギー価格が中国や米国に比べて高いことは、国際的な価格競争力を弱める」と警告してきた。

英国政府が国際エネルギー機関のデータを基に作成した統計によると、ドイツの産業用電力の1キロワット時（ｋＷｈ）当たりの小売価格は15・7セントで、米国（7・26セント）の約2・2倍だった。しかも米国のバイデン政権は、２０２２年に成立したインフレ抑制法（ＩＲＡ）によって、CO_2削減などに貢献する業種に対して、税制上の優遇措置や助成金を交付している。このため、エネルギー消費量が多い企業の中には、ドイツでの生産量を減らして、米国で新しい生産設備を建設したり米国での投資額を増やしたりする企業が現れている。

ドイツ化学工業連合会の幹部は、ドイツでのエネルギー費用の高さを理由に、「グッドバイ・ジャーマニー（さらばドイツ）というシナリオが、益々現実味を帯びている」と語っている。企業の生産設備の国外移転は、ドイツの雇用にも悪い影響を与える可能性がある。

ドイツ版不動産バブルの崩壊

ドイツが陥っているのは、インフレと景気後退が同時に起こるスタグフレーションだ。同国の経済指標を見ると、そのことを示す警戒信号があちこちに灯(とも)っている。

連邦統計局によると、2020年の個人消費は、コロナ禍のために前年比で5・9%減った。個人消費は2021年には1・5%、2022年には3・9%増え、回復傾向を示した。だが2023年にはインフレに恐れをなした市民が財布の紐をきつく締めたために、0・8%減った。ロシアの侵略戦争が、コロナ禍からの脱却ペースに急ブレーキをかけた。政府による消費は1・7%、設備投資は0・3%、建設投資も2・1%減少した。

ドイツ自動車工業会（VDA）によると、2023年12月の同国での新車の登録台数は、前年比で23%も減って、24万1900台になった。

図表4-2　ドイツの主要経済指標の前年比推移
(2020〜2023年)

	2020年	2021年	2022年	2023年
個人消費	-5.9%	1.5%	3.9%	-0.8%
政府消費	4.1%	3.1%	1.6%	-1.7%
設備投資	-2.4%	-0.2%	0.1%	-0.3%
建設投資	3.9%	-2.6%	-1.8%	-2.1%
輸出	-9.3%	9.7%	3.3%	-1.8%
輸入	-8.3%	8.9%	6.6%	-3.0%

出所：ドイツ連邦統計局

製造業は、ドイツで最も重要な業種の一つだ。連邦統計局によると、２０２１年にドイツで生み出された粗付加価値（Gross Value Added：生産過程で生み出された付加価値の合計。一国の総生産額から半製品や原材料・燃料などの費用や税金を差し引いた額）の内、26・６％が製造業によって生み出された。この値は、フランス（16・８％）や英国（17・７％）、米国（18・４％）などを大きく上回る。つまりドイツでは製造業が演じる役割が、英米仏よりも大きい。ちなみに日本の２０２０年の粗付加価値の内、製造業が生み出した比率は29％だった。つまりドイツの産業構造は、日本に比較的似ている。

ＥＵ統計局も、各国のＧＤＰに製造業が占める比率に関する統計を発表している。２０２２年のドイツの製造業界は、ＧＤＰの20・４％を生み出した。この比率はＥＵ平均（16・７％）を３・７ポイント上回っている。

つまりドイツはＥＵでも突出した物づくり大国なのだ。それだけにドイツでは製造業界が景気後退で打撃を受けると、影響が経済全体に波及する。

連邦統計局の２０２４年２月７日の発表によると、２０２３年のドイツの製造業界の生産額は、前年比で１・５％減った。特に減少幅が大きかったのがエネルギーを大量に消費する業界で、前年比で10・２％減った。その内最も激しく生産額が減ったのが化学業界で、マイナス10・６％の減少率を記録した。化学業界の２０２３年の生産額は、１９９５年の水準に落ち込んだ。またガラス製造業や窯業でも、生産額が14・１％減った。これらの業種で生産額が二桁の下落を見せた理由は、２０２２年から続く天然ガス・電力価格の上昇の影響で、生産にブレーキをかけたり停止したりする企業が増えたためだ。

多くの経営者が、「エネルギー費用が高くて、物を作っても十分な収益を得られない」

図表4-3　ドイツのGDPに製造業が占める比率

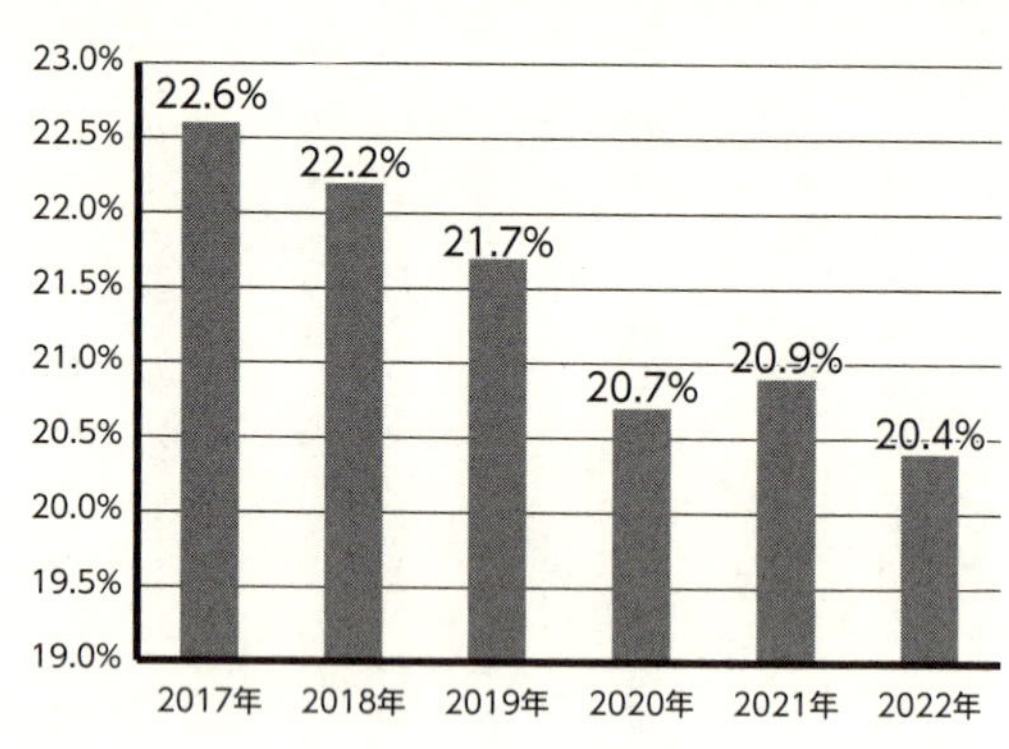

出所：EU統計局

と考えたのだ。

２０２４年にはドイツの経済界・論壇で、「経済の屋台骨である工業界が衰退の危機にさらされているのではないか」という意見も聞かれるようになった。その兆候はいくつかある。たとえば前述のように、ＥＵ統計局によるとドイツのＧＤＰに製造業が占める比率はＥＵでは上位にあるものの、減少傾向にある。ドイツのＧＤＰに製造業が占める比率は２０１７年には22・６％だったが、２０２２年には２・２ポイント減って20・４％になった。

重要産業で生産額が減少

ドイツ連邦統計局が２０２４年1月15日に発表した資料は、政界、経済界にショックを与えた。化学工業、自動車製造業、金属加工業、機械製造業の国内での生産額は、製造業界全体の国内生産額の55・５％を占めているが、これらの業界の生産額は年々減る傾向にある。たとえば化学工業の生産額は、２０１８年から２０２３年までに20％、自動車製造業は14％、金属加工業は13％、機械製造業は10％それぞれ減った。これらの４つの業種の２０２３年11月の生産額は、ＥＵ平均・米国よりも低くなった。つまりドイツ国内での生産額を見ると、工業界の屋台骨と言うべき業種に衰退の兆候が表れている。

連邦統計局の統計の中に、ＥＵ加盟国の２０１５年から２０２３年までの製造業界の生産額の推移を示したグラフがある。このグラフによると、この時期に生産額が最も増えたのはポーランドで、51・９％も増えた。これに対し、ドイツの生産額は２０１５年から２０２３年に３・６％減った。これはＥＵで最低の成長率である。この時期のＥＵの製造業界の生産額の平均増加率は10・９％なのに、ドイツだけが生産額を減らした。

図表4-4　主要EU加盟国の製造業界生産額の変化率
（2015年～2023年）

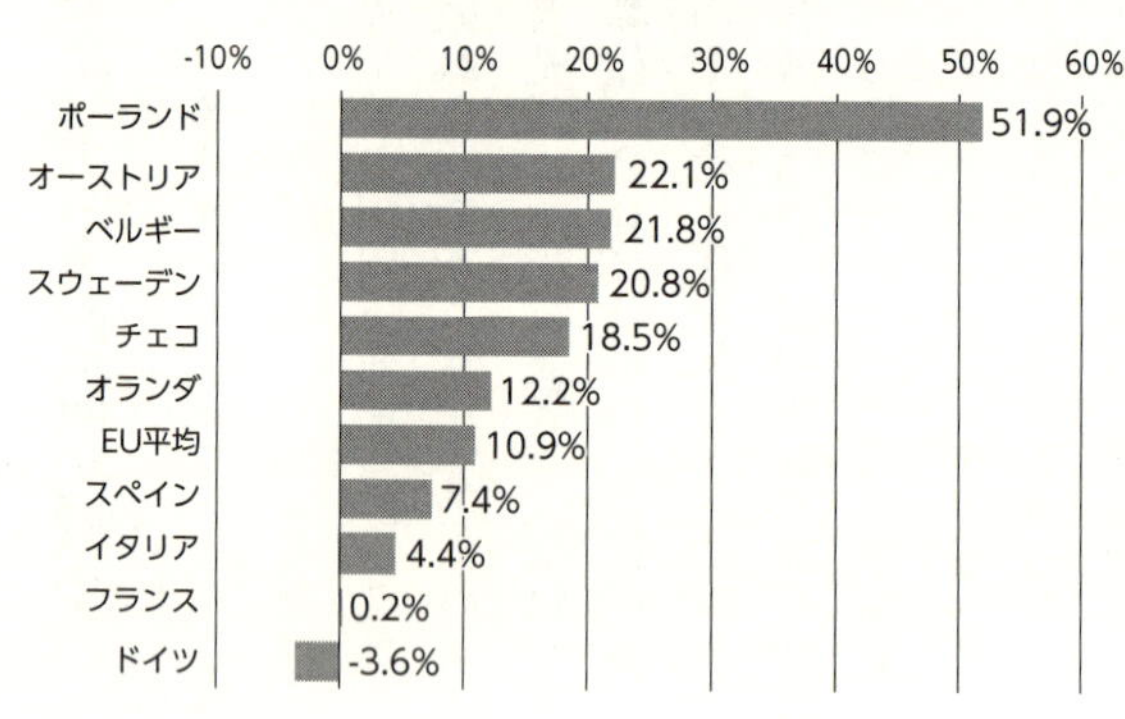

出所：ドイツ連邦統計局

このグラフは、ドイツの物づくり業界のパフォーマンスが近年悪化していることをはっきり示している。

２０２３年にはドイツの就業者数は前年比で０・７％増えたが、製造業界の就業者数は０・１％しか伸びなかった。２０２３年のドイツの粗付加価値は、前年比で０・１％減ったが、製造業の粗付加価値の減少率は０・４％だった。

連邦統計局は、「製造業の生産額の減少傾向は明らかであり、ドイツでの工業衰退の傾向が見える」と結論づけている。物づくり大国ドイツの前途に警戒信号が灯っているというべきだろう。

輸出大国ドイツに落ちる影

ドイツ機械工業会（VDMA）のチーフエコノミスト、ラルフ・ヴィーヒャース氏は2024年2月1日、「ドイツの機械製造業界の、2023年の受注額は前年比で12％減少した。国内受注額は11％、外国からの受注額は13％減った。欧州、米国、中国でも世界の景気の回復速度についての信頼感が低くなっているので、受注額が迅速に増えることは期待できない」とコメントした。

ドイツ産業界の頼みの綱である中国との経済関係にも陰りが見える。連邦統計局によると、2023年のドイツの中国との貿易額（輸出額と輸入額の合計）は、2540億ユーロ（43兆1800億円）で、前年に比べて15・2％も減った。ドイツの製造業界は、自動車業界、機械製造業界、化学業界を中心として、中国に大きく依存している。しかし中国の不動産不況や、若年失業者の増加、内需の減退、地政学的リスクに対する懸念などが影響して、ドイツの対中輸出にブレーキがかかっているのだ。ドイツにとって中国は世界最大の貿易パートナーだが、中国経済の不振が続いた場合、ドイツとの貿易額で首位の座を近く失う可能性もある。

ドイツの信用調査機関クレディート・レフォルムによると、2023年にドイツでは1万8100社が倒産した。前年に比べて23・5％の増加だ。ドイツ連邦雇用庁が2024年1月3日に発表した統計によると、景気後退の影響で2023年の失業者数は前年比で19万1000人増えて、260万9000人となった。

不動産ブームの終焉

ドイツの景気後退を象徴するのが、不動産ブームの終焉だ。同国ではリーマンショック後の2010年頃から景気が上向きになったために住宅建設ブームが起き、ミュンヘンやシュトゥットガルト、フランクフルト、ベルリンなどの大都市では分譲マンションや一戸建て家屋の価格や家賃が高騰した。

特にミュンヘンはドイツで最も人気がある町の一つだ。その理由は、IT、自動車、電子機器メーカー、大手保険会社、ドイツ有数の研究所など高学歴者向けの雇用先が多いほか、イタリアやオーストリアに車ですぐ旅行でき、郊外に美しい湖や山岳地帯が多いからだ。ミュンヘンでは、1平方メートル当たりのマンションの分譲価格が、２０１０年からの10年間でほぼ2倍になった。ある知人が２００７年に約40万ユーロ（６８００万円）で買ったマンションの価格は、２０２０年には約80万ユーロ（1億３６００万円）にはね上がった。データバンク・Statistaによると、ミュンヘンで一戸建ての家を買おうとすると、２０１２年の第1四半期には1平方メートル当たりの価格は５０３２ユーロ（85万５４４０円）だったが、２０２２年の第3四半期には過去最高の1万８２２ユーロ（１８３万９７４０円）にはね上がった。中国人、アラブ人、ロシア人などが投資目的で次々にミュンヘンの高級マンションを買った。不動産関係者の間では、「この上昇の仕方はバブルだ」という見方も強かった。

だがロシアのウクライナ侵攻によって、この不動産バブルは破裂した。連邦統計局によると、２０２３年の住宅建設許可件数は、前年に比べて26・6％も減った。その理由は、インフレによる建築資材や原材料の価格高騰によって不動産の価格が押し上げられたことや、ＥＣＢの政策金利の引き上げによって、銀行からの建設資金の調達コスト、住宅ローンの利率が高騰し、多くの市民がローンを組めなくなったからである。

ドイツ中央不動産委員会（ZIA）のアンドレアス・マットナー委員長によると、この国では約60万世帯分の住宅が不足している。しかし金利や建設コスト、原材料費の上昇などによって、建設会社は住宅を建てられない状況が続いている。マットナー氏は、「いま住宅を建設する会社は倒産する。第二次世界大戦後、最も深刻な不動産不況だ」と語る。政府は大都市での住宅難を解消するために2024年に40万世帯分の住宅を建設させるという目標を掲げていたが、実際に建設されるのは半分にも満たない15万世帯分に終わりそうだ。

キール世界経済研究所が2024年2月8日に公表した調査結果によると、2023年のドイツの居住用不動産（持ち家、分譲マンションなど）の価格は前年比で8・9％下落した。ドイツの不動産価格が、これほど大きく下がったことは、過去60年間で一度もなかった。一戸建て家屋の価格は11・3％、数世帯が住む家屋の価格は20・1％下がった。

不動産バブルの崩壊は、周辺産業にも深刻な影響を及ぼしている。家やマンションを買う人の数が突然減ったため、多くの不動産デベロッパーが、マンションなどの建設プロジェクトを凍結した。ドイツ最大の住宅建設会社ヴォノヴィアは、２０２３年に67億ユーロ（１兆１３９０億円）という過去最大の赤字を記録した。

不況の煽りを受けて、ドイツで多くの建設プロジェクトを手掛けていたオーストリアの不動産・小売業グループ、シグナ・ホールディングが２０２３年11月に倒産した。この会社はドイツ最後のデパート・チェーンであるガレリア・カールシュタット・カウフホーフやＫａＤｅＷｅを持っていたが、これらのデパートも２０２４年１月に連鎖倒産した。ドイツに旅行したり駐在したりしたことがある人にとって、カウフホーフと言えば、日本の伊勢丹やイトーヨーカドー、そごうのように馴染み深いデパートだったが、不況はこの有名店を直撃した。同社は4月27日に、全国の92の店舗の内16店を閉鎖すると発表した。

ドイツ社会のあちこちに「金属疲労」の兆候

私は1990年からこの国に住んでいるが、21世紀に入ってから、特に2020年以降、社会の各所に様々な「きしみ」を感じる。かつての美徳が、どんどん失われている。一例が交通機関の遅れだ。ドイツ鉄道(DB)の長距離列車は、かつて時間の正確さで知られた。しかし今では2~3時間の遅れが常態化しており、利用者の間で不満が高まっている。

先日、あるドイツ人男性が、列車でミュンヘンからバイエルン州南部のフュッセンに行こうとした。しかし発車時刻になっても、列車が動かない。

やがて車内放送があった。「いま列車の運転士を探しています。もう少しお待ち下さい」。しばらくすると、また車内放送。「運転士が見つかりませんので、この列車はキャンセルになりました。皆さん降りて下さい。次のフュッセン行きの列車は、2時間後に発車します」

この男性は、「時間を守ったり、約束したことを必ず実行したりするというのが、かつてのドイツの常識であり美徳だった。しかしこの美徳は、失われつつある。ドイツは、下り坂だ」と私に言った。私も１９８０年に、この国の鉄道が国営でドイツ連邦鉄道と呼ばれていた頃頻繁に列車を利用したが、発車・到着時間の正確さに感動した。「これがドイツ的秩序なんだな」と思った。連邦鉄道は１９９４年に民営化されたが、それ以来徐々に金属疲労の兆候が見えてきた。

最近では、列車に乗る前に「定刻に着くだろうか」と不安になる。大切なアポイントメントがある時には、前の日に行くか、飛行機を使う。やむを得ず列車を使う時には、列車の到着が遅れるという前提でスケジュールに余裕を取る。なるべく乗り換えのない列車を選ぶ。１９８０年代に経験した安心感、信頼感はなくなった。

２０２３年9月に講演を行うためにミュンヘンからデュッセルドルフに行った。列車は2時間遅れた。講演には間に合ったものの、かなりギリギリだった。

帰りの列車は、10分の遅れで済んだが、珍事があった。列車がマンハイム駅に近づくと、車内放送が流れた。「チューリッヒ行きの列車は、到着ホームの向かいのホームから発車します。乗り継ぎできる予定です」。だが列車がマンハイム駅のホームに入ると、車窓から、向かいのホームの列車が走り出したのが見えた。

　また車内放送があった。「お客様、悪い知らせです。チューリッヒ行きの列車は、もう発車してしまいました。乗り継ぎはできません」。乗客たちから、笑い声が上がった。

列車の遅れが常態化

　2023年9月にミュンヘン交響楽団は、ケルンからベルリンへ向かう予定だったが、列車が約4時間半遅れた（通常5時間～5時間半で着くが、この時には約10時間かかった）。このためコンサートは予定よりも15分遅れて、始まった。予定されていたコンサートのラジオ中継は、中止された。交響楽団の関係者はX（旧ツイッター）で怒りをぶちまけていたが、DBからは何の賠償も受けられなかった。

　この国では列車が定刻よりも6分以上遅れて到着した場合を遅延と見なす。DBの統計によると、2023年12月に定刻に目的地に着いた列車の比率は、58・6％にすぎなかった。つまり長距離列車に乗ると、ほぼ2回に1回は定刻に着かない。最も遅延がひどいのはケルン西駅で、2022年の統計によると、定刻に着いた長距離列車の比率は24・6%にすぎなかった。ヨーロッパで最も遅れが少ないのはスイス連邦鉄道で、長距離列車の96%が定刻に到着する。スイス連邦鉄道を優等生とすると、DBは落第生だ。

遅れが深刻化している原因は線路やポイントなどの老朽化や、人手不足だ。ドイツ人に「日本の新幹線では、到着が予定時刻より2分遅れても、謝罪の放送がある」と言うと、びっくりする。

ストライキ多発に市民の苛立ちが募る

これに加えて、ドイツの列車運転士らが賃上げや労働条件の改善を求めて時折行うストライキも、乗客たちを悩ませる。

2023年12月7日、ドイツ列車運転士労働組合（GDL）は2日間の警告ストに踏み切り、全国で長距離・近距離列車を停止させた。列車の発車時刻を表示する駅の電光掲示板には「キャンセル」の文字が並んだ。ストの理由は、2024年の賃金と労働条件をめぐるＤＢとの交渉が暗礁に乗り上げたからだ。ＧＤＬはＤＢに対し次の改善措置を要求した。

①　全労働者の月給を５５５ユーロ（９万４３５０円）引き上げる。

②　シフトで働く労働者の所定労働時間を週38時間から35時間に減らす。ただし給料は減らさない。

③　インフレ対策手当として年間３０００ユーロ（51万円）の上乗せ（実習生の場合１５００ユーロ）。

④　企業年金の改善など。

焦点となったのが、給料を減らさずに、シフト労働者の所定労働時間を週38時間から35時間に減らすという要求だ。これは事実上、週休３日制の導入を意味する。

現在ＤＢの社員数は約32万人。しかしＤＢでは今後定年退職する社員が増えるので、今年１月には２万５０００人の社員を募集する方針を打ち出していた。

経営側は「シフト労働者を週休３日制に移行させた場合、労働力不足がさらに悪化する」として、ＧＤＬの要求を拒否した。このため運転士たちは警告ストに踏み切ったのだ。GDLは2024年1月24日にも、4日間にわたりストを行った。2月2日には、バイエルン州を除くドイツ全域で地下鉄、バス、市電、近距離鉄道で働く職員がストを実施。2月1日には空港の安全検査員、2月7日にはルフトハンザ航空の地上勤務員がストを行い、空の旅にも乱れが出た。

ちなみにドイツ最大の産業別労組IGメタルも、鉄鋼部門の労働者の週労働時間を35時間から32時間に減らすことを要求している。週休3日制の要求は、鉄道以外の部門にも広がりつつある。

GDLは2023年後半から2024年前半に合計6回のストを実施した結果、交渉の勝者となった。経営側は、シフト勤務の運転士の労働時間を徐々に減らしていき、2029年にはGDLの要求通り35時間にすることに合意した。

ストライキが少ない日本とは異なり、ドイツの労働組合はしばしばストを実施する。列車の運転士に限らず、市電・バスの運転手、航空管制官、航空会社のパイロット、郵便会社の社員らも毎年のようにストを行う。日本人の私の目から見ると、「よく客が我慢しているな」と感心させられる。ドイツは元々日本に比べるとサービスの水準が低いので、ストライキによって不便が生じても我慢する人が多い。また、「労働者にはストライキによって賃上げや労働条件の改善を要求する権利がある」という意識も、市民の間に浸透している。

労働組合が日本では考えられないほどの影響力を持っているため、労働者による実力行使が多発する。

ストは、2022年のロシアのウクライナ侵攻以降のインフレにより、実質所得が減ったことに対する市民の抗議の表れでもある。2023年3月3日には統一サービス業労働組合ver.diの指揮の下に、ヘッセン州、バーデン・ヴュルテンベルク州など5つの州で地下鉄、バスなどの公共交通機関の乗務員たちがストに突入し、通勤客や旅行者の足が乱れた。その理由は、労働者たちがインフレによって目減りする実質賃金の引き上げを求めたからだ。

2022年の物価上昇率が6・9%。2023年には5・9%に達したため、多くの組合が約10%の賃上げを求めた。たとえばver.diは市バスの運転手など地方自治体に雇用されている社員238万5000人について、10・5%の賃上げを求めた。これに対し経営側が示した賃上げ率は、5％に留まった。ver.diはこの回答を不服として、ストに踏み切った。経営側は、「労組の要求を受け入れたら、人件費が154億ユーロ（2兆6180億円）も増えてしまう。このような法外な賃上げは、とても受け入れられない」というコメントを発表した。

この他にもver.diは、郵便会社ドイッチェ・ポストの社員16万人のために、15％もの賃金引き上げを求めた。また鉄道交通労働組合（EVG）は、DB従業員の賃金を12％引き上げるよう要求した。IGメタルは、繊維・被服業界で働く6万9000人のために、8％の賃上げを求めた。二桁の賃上げ要求やストは、GDPというパイが縮みゆく中、労働者たちの間で分け前を増やそうとする争いが起きていることを示す。ドイツの景気後退がさらに深刻化した場合、「分け前争い」はより激しくなるかもしれない。

ドイツの労働組合は日本に比べてはるかに戦闘的であり、顧客にも忖度しない。日本の組合はドイツに比べるとおとなしく、企業の一部であるかのように感じられる。

もっともドイツで労働争議によって失われる労働日の数は、欧州の他の国に比べてははるかに少ない。経済社会科学研究所（WSI）の統計によると、2010年から201

9年に、ストによって失われた平均年間労働日数は、フランスでは労働者1000人当たり110日、ベルギーでは98日だったが、ドイツではわずか17日だった。上には上がいるのだ。

深刻な労働力不足

経済の停滞に輪をかけているのが、深刻な人手不足だ。連邦雇用庁のアンドレア・ナーレス長官によると、ドイツでは約40万人の労働力が不足している。特にIT業界では、13万7000人の労働力が不足している。これは、過去最高の水準だ。経済界では今後デジタル化された自動車（コネクテッド・カー）やスマートフォンなどに使われる次世代半導体の設計、IoT（モノのインターネット）、データ分析による新しいビジネスモデルの開発、人工知能、量子コンピューターなどに関する知識を持つ人への需要が急増する。

不足しているのは高学歴で、高い専門技能を持つ人材だけではない。スーパーマーケット、パン屋、郵便局なども働き手を募集している。ミュンヘンのレストランの中には、ウェブサイトに「人手が足りないので、土・日の営業を取りやめます」と書いている店もある。高齢化・少子化が進む日本と似た現象だ。

２０２３年10月、ミュンヘンからアムステルダムへ、航空会社ルフトハンザの旅客機で飛ぼうとしたら、離陸が2時間遅れた。その理由は、ターミナルから飛行機にトランクを運ぶ作業員が見つからなかったためだ。雨が降る中、トランクは長時間にわたり屋外に放置されていた。布のトランクには、内部まで雨水がぐっしょりしみ込んでいた。トランクの運搬のように、高度な専門知識を必要としない業種でも、人手が足りないのだ。

人手不足は、サービス低下にもつながる。ある時、６人のグループで、ミュンヘンの中心街にあるラーツケラーという伝統的なドイツ料理店に行った。ウエイターがなかなか注文を取りに来ないので、私がウエイターを探しに行ったが、従業員の数が少なく、見つからない。ようやくウエイターをつかまえて、テーブルまで来てもらい、注文を取ってもらった。

ドイツのレストランでは、テーブルの所にウエイターが勘定書きを持ってきて、精算する。3組の夫婦について、別々に精算を頼んだ。ところがウエイターがうまく計算できず、何度やっても計算が間違っている。最後は私がボールペンで筆算して、計算を手伝ってあげた。1枚の勘定書きの支払いを済ませるまでに、15分もかかった。

ラーツケラーで我々を担当したウエイターはドイツ語が達者ではなく、客に対して「ドゥー（お前）」という呼称を使った。これは普通、家族か親しい友人だけに使う言葉である。若者が多いバーやクラブなどでは客に対して「ドゥー」を使うこともあり得るが、ラーツケラーのような伝統的なレストランでは、通常ウエイターは客に対して「ズィー（あなた）」という丁寧な呼称を使う。おそらく経営者は、人手不足がひどいために、通常はレストランで働く資格がない人も雇わないと、店が回っていかないのだろう。

ドイツの飲食業界では、コロナ禍によるロックダウンの際にバーやレストランで働くのをやめた人々が、なかなか業界に戻ってこないという傾向がある。客の立場からすると、人手不足によるサービスの悪化は著しい。30年前のドイツの居酒屋では、1枚の勘定書きを3組の夫婦が別々に払う時でも、ベテランのウエイトレスが合計金額をあっという間に筆算したものだった。そうしたドイツらしい伝統は失われたようだ。「勤勉で実直、時間を守る、義務をきちんと果たす」というドイツの美徳が徐々にすたれていくのを感じる。

国際学力調査の結果が悪化

もう一つ気になるのが、生徒の学習能力の低下だ。２０２３年12月５日、ドイツ人の親たちをドキリとさせる調査結果が発表された。ＯＥＣＤの生徒の学習到達度調査（ＰＩＳＡ）の結果である。ＯＥＣＤは、加盟国を中心として、15歳の生徒の学力を３年ごとに比較する調査を行っている。２０２２年の調査によると、ドイツの生徒たちの読解力、自然科学、数学における「成績」は過去最悪だった。

たとえば数学でドイツの得点は４７５点で25位（日本は５３６点で５位）、前回（２０１８年）に比べて25点も下がった。ドイツの読解力の得点は４８０点で22位（日本は５１６点で３位）、ドイツの自然科学の得点は４９２点で22位（日本は５４７点で２位）

だった。ちなみに全ての分野でトップに輝いたのはシンガポール。上位は、香港、台湾、韓国などアジアの国が占めている。

ドイツでは、知識をきちんと身につけていない生徒の比率が2018年の調査以来上昇している。「学習到達度が特に低い」と判定された生徒の比率は、数学では30％、読解力では26％、自然科学では23％だった。ドイツのメディアはこの結果を、「PISAショック」という言葉を使ってセンセーショナルに報じた。ミュンヘンのifo経済研究所の教育経済センターのルドガー・ヴェスマン所長は、「ドイツの教育は危機的な状況にある。教育水準の低下は、経済立国ドイツにとって脅威だ。将来若者が職業人として高い生産性を発揮できるかどうかは、学校教育によって大きく左右される」として、教育制度の改善を求めている。学習能力の低下は、中長期的にこの国の経済力に大きな影響を与える可能性がある。

2年連続のマイナス成長の可能性も

ドイツが不況のトンネルから抜け出るまでには、まだ相当の時間がかかりそうだ。２０２４年２月21日に連邦経済・気候保護省のロベルト・ハーベック大臣は、「ドイツ経済の先行きは相当厳しい」と述べ、２０２４年の実質ＧＤＰ成長率がプラス０・２％になるという予測を明らかにした。ＩＭＦも２０２４年４月16日に公表した世界経済見通しの中で、２０２４年のドイツの実質ＧＤＰ成長率を０・２％と予測。連邦政府の経済専門家評議会は、２０２４年の実質ＧＤＰ成長率がプラス０・１％に留まると予測している。

これに対しケルンのドイツ経済研究所（ＩＷ）は、「２０２４年の実質ＧＤＰ成長率は、マイナス０・５％になる」という悲観的な予測を公表している。ＩＷの予測が的中すれば、ドイツは２００２年と２００３年以来ほぼ20年ぶりに、２年連続のマイナス成長を経験することになる。

日本の転落はドイツへの警鐘

　これらの数字を見ると、多くのドイツ人が、「ドイツの名目GDPが日本を抜いて世界第3位になった」というニュースに違和感を抱いたことがおわかりいただけるだろう。ドイツのメディアの報じ方も冷ややかだった。

　ドイツの経済日刊紙ハンデルスブラット電子版は2023年11月15日、「ドイツにとって、名目GDPで日本を抜いたというニュースは、ちっとも喜ばしいものではない」と断言した。同紙は、「ドイツの名目GDPが第3位になったのは、我が国の経済の目覚ましい成長ぶりを示すものではない。円がドルに対して大幅に安くなったので、ドル建ての統計では日本の名目GDPがドイツよりも減った。同時に、インフレがドイツの名目GDPを膨らませた」と指摘し、1990年以来の日独の成長率の格差よりも、インフレと円安という短期的な原因に重きを置いて分析した。

　ハンデルスブラットは、「インフレの影響を除外した実質GDPで見れば、ドイツの2023年の成長率はマイナスだった」と指摘。さらに同紙は、「第二次世界大戦後、ドイツと日本は様々な点で似たような運命を体験してきた。そう考えると、日本の転落は近い将来ドイツにも起こることであり、我が国にとって凶報というべきだ」と警鐘を鳴らす。

ブルームバーグのドイツ版ニュースサイトは2023年11月27日、「ドイツが世界第3位になったのは、この国が成長したからではない。日本が沈んだのだ。日本の第4位への転落は、ドイツへの警鐘だ。日本は世界で最も社会の高齢化と少子化が急速に進む国であり、労働人口が減り続けている。ドイツも同じ道を歩み、まもなく日独の名目GDPは、人口が増えつつあるインドに追い抜かれる」と悲観的な論評を発表した。

たしかに日本とドイツの間には、少子化と高齢化が急速に進んでいるという共通点がある。連邦統計局によると、2020年のドイツの合計特殊出生率（女性1人から生まれる子どもの数）は1・53。日本は1・34で、ドイツよりもさらに低い。日独とも、インド（2・18）や米国（1・64）に水をあけられている。人口動態の変化は、労働人口の減少につながるので、日独両国の経済にとって重大な脅威だ。

連邦統計局によると、2022年のドイツの就業者の数は、約4546万人だった。

就業者とは、実際に仕事をしている人の数。これに失業者を合わせた「就業可能人口（働いているか、働くことができる人口）」は、約4680万人だった。これは1990年の東西ドイツ統一以来、最高の数字だ。就業者の数は、シュレーダー改革が効果を見せ始めた2006年以来、コロナ禍が起きた2020年を除いて、常に増えてきた。だが人口学者の間では、今後就業者数が減っていくという見方が有力だ。

連邦統計局が2019年に発表した報告書によると、2018年の就業可能年齢（20歳〜66歳）の市民の数は5180万人だった。だがその数は、2035年までに400万〜600万人減って、4580万〜4780万人になる。2060年には、就業可能人口は4000万〜4600万人に減る。

減少数に幅があるのは、移民の数に幅があるからだ。移民による人口の純増がないと仮定すると、2035年の就業可能人口は、2018年に比べて900万人減って、4280万人になる。

ドイツでは、第二次世界大戦後、出生数が最も多かった1955年から1969年までに生まれた市民をベビーブーマーと呼ぶ。彼らはドイツ版団塊の世代だ。連邦統計局

図表4-5　シニア層の比率の変化

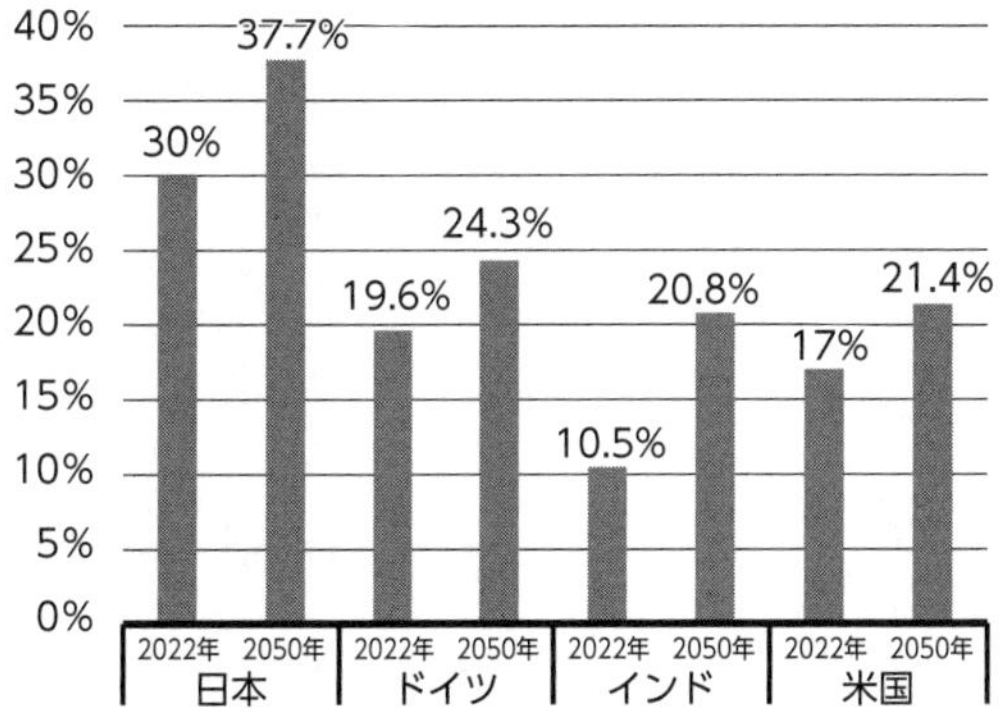

	2022年	2050年
日本	30%	37.7%
ドイツ	19.6%	24.3%
インド	10.5%	20.8%
米国	17%	21.4%

出所：世界銀行、国土交通省、ドイツ連邦統計局、ピュー・リサーチ・センター

によると、ドイツでは２０３６年までに１２９０万人のベビーブーマーが定年退職する。これは２０２２年の就業者数の約28%に相当する。２０３０年には、定年退職する市民の数が、働き始める市民の数を約５００万人も上回る。

連邦統計局によると、67歳以上の市民の数は、１９９０年には１０４０万人だったが、２０１８年には53%も増えて１５９０万人になった。その数は、２０３９年までに少なくとも２１００万人に増えると予想されている。

ドイツの公的年金の受給開始年齢は67歳だが、ベビーブーマーの間では、「年金支給額が減っても良いから、67歳になる前に引退したい」と考える人が多い。60歳を超えると、病気やけがなどの健康上のトラブルが若い時よりも多くなる。このため、早めに会社や役所の仕事に見切りをつけて、家族と旅行したり趣味に打ち込んだりして、人生を楽しもうとする人が少なくないのだ。

個人主義が強いドイツ人の間では「仕事による自己実現のために、定年後も他の仕事を続けたい」と考える人の比率は、日本よりもはるかに低い。ほとんどの働き手は、「仕事は生活の糧を稼ぐ手段」と割り切っている。

このため航空会社ルフトハンザの技術子会社ルフトハンザ・テヒニークのように、定年退職を計画している人が会社を辞めるのを先延ばしにするように、厚遇をオファーする会社もある。ベテラン社員が持っている貴重なノウハウが失われるのを防ぐためだ。それほどまでに、ドイツでは高技能を持った働き手が足りなくなっている。将来人手不足が今以上に深刻化するのは火を見るよりも明らかだ。

世界銀行の統計によると、日本の人口に65歳以上の市民が占める比率（2022年）は30％で、ドイツ（22％）よりも8ポイント高い。日本の65歳以上の市民の比率は、G

7の中で最も高い。日独のシニア層の比率は、インド（7％）、米国（17％）に比べても高くなっている。国土交通省の統計によると、2050年には日本の65歳以上の市民の比率が37・7％に達する。日本の2050年の生産年齢（15歳～64歳）人口は、2005年に比べて約3500万人減る。

連邦統計局によると、2022年にはドイツの67歳以上の市民の比率は19・6％だったが、2050年には24・3％に増える。逆に生産年齢（20歳～66歳）人口の比率は、2021年の61・8％から、2050年には57％に減ると予想されている。

連邦統計局と労働市場職業研究所（IAB）が2016年に発表した研究報告書によると、2030年には生産年齢（15歳～64歳）人口の比率は84・1％と予想されているが、2050年には67・1％に激減する。

一方、国連人口基金（UNFPA）と国際人口科学研究所（IIPS）によると、インドの60歳以上の市民の比率は、2022年の時点で10・5％と日独よりもはるかに低かった。その比率は、2050年にも20・8％に留まると予想されている。

生産年齢人口が大幅に減れば、GDPも減ることは避けられない。このままでは、日本とドイツはともにたそがれ国家になる道を歩んでいくだろう。この流れに抗うには、どのような方法があるのだろうか。次章ではその点についてお話ししよう。

第６章　日独再生のカギは高技能移民受け入れとＤＸ

高技能・高学歴移民の増加へ向け法律を改正したドイツ

日本とドイツがたそがれ国家への道から脱却する術（すべ）が二つある。それは高技能・高学歴移民を増やすこととDX（デジタル化）だ。

前章でお伝えしたように、ドイツでは日本同様に人材不足が深刻化している。2021年には、企業が採用しようとしても埋めることができなかった求人数は、198万人にのぼった。特に2020年代の後半から多数のベビーブーマーが定年退職するため、毎年40万人の移民を受け入れなければ、今から約30年後には、就業可能人口を現在に近い水準に保つことが難しくなる。

そこでドイツ政府は、就業可能人口の減少に歯止めをかけるために、2023年から2024年にかけて画期的な対策を取り始めた。ショルツ政権は、高技能・高学歴の外国人を積極的に受け入れるため、専門職業人移民法や国籍法などの大幅な改正に踏み切った。

これは第二次世界大戦後のドイツにおける、移民政策の最も大きな転換だ。特に経済界が必要とする高技能・高学歴の外国人の受け入れを加速する。学位、職業経験や高い語学力を持つ外国人ほど、ビザ（滞在許可）や就労許可が取りやすくなる。初めて二重国籍も認め、ＥＵ域外からの外国人の長期滞在、帰化も促進する。

移民ポイント制度を導入

ショルツ政権は、経済界の要請に応えて、高技能・高学歴の人材のドイツへの移住をこれまでに比べて大幅に容易にするために、移民法の改正法を２０２３年8月19日に施行した。移民に関する制度は、２０２３年11月以降、段階的に緩和された。私は１９９０年からドイツで働いているが、今回の改革は従来の制度を根本的に変えるものであり、「ドイツは、米国やカナダのような移民国家になることを本気で目指している」と強く感じた。ドイツ人たちは、「高齢化・少子化が進む時代に経済を回していくためには、高技能・高学歴移民を増やす以外に、選択肢はない」と考えている。真面目に働いて税金と社会保険料を納め、法律・規則を遵守し、人権尊重・男女同権などのドイツ社会の価値観を受け入れ、反ユダヤ主義・反イスラム主義などの過激思想を持たず、社会保障に依存しない外国人は、大歓迎なのだ。

一連の改正の中で最も重要なのが、２０２４年6月1日から、カナダの制度を見本にした、ポイント制度「チャンスカード（Chancenkarte）」が導入されたことだ。

これまで、ＥＵ域外の国の外国人にとっては、企業からの招聘がなければ、ドイツで滞在許可や労働許可を取得することは困難だった。私の経験を考えても、1カ月や2カ月の滞在では、仕事を見つけるのはかなり難しい。ドイツ企業が求めている技能をすでに持っている人でない限り、まずこの国に滞在しないと、仕事を実際に見つけるのは難しい。

ドイツ政府はこの問題を解決するために、チャンスカードを導入した。チャンスカードを取得できれば、ＥＵ域外からの外国人はドイツに最長1年間滞在して、仕事を探すことができる。1年以内に滞在許可が取れなくても、仕事のオファーがあることを証明できれば、チャンスカードを最長2年まで延長できる。これまでに比べると、非常に寛容な制度だ。チャンスカードの判定基準は、職業に関する資格や技能、過去の就労年数、ドイツ語と英語の能力などだ。チャンスカードに応募するための資格は、次の通り。

【語学力】

●ドイツ語の能力が欧州言語共通参照枠（CEFR）で少なくともA1（6段階の最低レベル。簡単な日常会話ができる程度）

●または英語の能力が少なくともB2（6段階で、上から3番目）

【職業経験・学歴】

●2年間の職業訓練の修了が、母国で認証されていること

●または大学などでの高等教育の修了が、母国で認証されていること

【経済力】

●ドイツの社会保障に頼らず、自活できることの証明（たとえば副業に関する雇用契約書など。副業の時間は、1週間当たり20時間まで）

図表5-1　チャンスカード取得要件とポイント

ポイント	資格・要件
4点	●外国での職業資格の証明書 ●特定の職業（教師、看護師またはエンジニア）の資格証明書
3点	●習得した職業について、過去7年間に、少なくとも2年間職業実習を行い、かつ少なくとも5年間働いたことの証明書 ●ドイツ語の能力が少なくともB2（6段階で、上から3番目）
2点	●習得した職業について、過去5年間に、職業実習の後、少なくとも2年間働いた ●年齢が35歳を超えていない ●ドイツ語の能力が少なくともB1（6段階で、上から4番目）
1点	●年齢が40歳を超えていない ●少なくとも6カ月ドイツに滞在したことを証明する文書（観光客としての滞在は数えない） ●英語の能力が少なくともC1（6段階で、上から2番目） ●ドイツ語の能力が少なくともA2（6段階で、上から5番目） ●ドイツで特に労働力が不足している職業に関する研修を受けたことの証明 ●配偶者と一緒にチャンスカードを申請すること

以上の要件を全て満たした外国人が、さらに図表５‐１の要件を満たせば、ポイントを与えられる。ポイントの合計が６点に達した外国人は、チャンスカードを取得できる。

またドイツなどＥＵ加盟国が高技能・高学歴を持つ外国人に対して支給する滞在・労働許可証ブルーカードについても、２０２３年11月から条件が緩和された。たとえば２０２０年には、ＥＵ域内で最低５万５２００ユーロ（約９３８万円）の年収を稼げることを証明できないとブルーカードは発行されなかった。２０２３年11月以降は、この最低年収額が約18％引き下げられ、4万5300ユーロ（約770万円）になった。ＩＴ企業の管理職、エンジニア、数学者、自然科学者、医師、教師など特に不足している業種では、最低年収額は4万1042ユーロ（約698万円）まで引き下げられた。ブルーカード所有者の配偶者が、ドイツなどＥＵ加盟国への滞在許可を得られることは言うまでもない。

ＩＴエンジニアは特に不足しているので、大学などで高等教育を受けていなくても、少なくとも3年間働いた経験があることと、ドイツで上記の最低年収を稼げることを証明できれば、ブルーカードを取得できる。

1990年代には、企業がＥＵ域外に住む高技能・高学歴の人材をドイツ本社で採用するのも手続きが面倒で、様々な障壁があった。たとえばあるドイツ企業は、中国とのビジネスが増えているので、ドイツ本社に中国人を採用しようとした。まずそのことを地元の労働局（日本のハローワークにあたる役所）に通告しなくてはならない。その際に企業は、「中国語の書類の読解、作成、中国人との中国語を使った商談などはドイツ人では難しく、中国人を採用する必要がある」と説明しなくてはならない。つまり「余人をもって代えがたい」ことを証明できなければ労働局がＯＫを出さないので、ドイツ人ではなく外国人を採用することは難しかった。

労働局は、中国人と同じくらい中国語ができるドイツ人が職を探していないかどうか、点検する。そうしたドイツ人が見つからないことが確認できれば、労働局は企業に対して、「この中国人をドイツで採用しても良い」というゴーサインを出す。つまり、まずドイツ人が優先であり、ドイツ人または他のＥＵ加盟国の外国人ではそのポストを埋められない時のみ、ＥＵ域外からの外国人を採用しても良いというのが原則だった。企業の招聘がないと滞在許可を取るのが難しかったので、ドイツで職を探すために、まず１年間この国に滞在することも至難の業だった。

また、１９９０年代には、ＥＵ域外の国で取得した学位が、ドイツでの学位に匹敵することを企業や労働局などに認めさせることも、かなりの難題だった。

ショルツ政権の法改正によって、今日では１９９０年代に比べると複雑な手続きが減り、ドイツに入るためのハードルは大幅に低くなった。

初めて二重国籍を許可

さらにドイツ政府は、外国人が長期間にわたってドイツに住みたいと思うように、様々なインセンティブも用意した。連邦議会と参議院は、2024年2月2日に国籍法を改正した。これまでEU域外からの外国人は、ドイツの滞在許可を取得してから8年経たないと、ドイツ国籍を取得できなかった。ショルツ政権は今回の法改正により、この期間を5年間に短縮した。積極的にボランティア活動に参加するなど、優秀な外国人については、移住してから3年後に帰化を申請できる。連邦統計局によると、2022年には約16万8500人の外国人が、ドイツに帰化した。その数は前年比で28％増えた。帰化すれば滞在許可証の更新は不要になるし、選挙権も持てる。ドイツのパスポートがあれば、EU域内のどの国でも、自国で就職するのと同じように、就労許可を取らずに就職できる。

外国人の子どものドイツ国籍取得も容易になる。ドイツに住む外国人の夫婦の内、夫か妻が5年間ドイツに滞在し、無期限の滞在許可証を持っている場合、子どもは自動的にドイツの国籍を取得できる。

注目されるのは、ドイツ政府が長年の伝統と訣別し、今回初めて二重国籍を認めたことだ。これまでドイツ政府は日本と同じく、原則としてドイツとEU域外の国の国籍を同時に持つことを認めていなかった。ドイツの国籍を取るには、出身国の国籍を捨てなくてはならなかった。例外的に二重国籍が認められたのは、ドイツ人と外国人の間に生まれた子どもだけだった。しかも子どもは18歳になった時にどちらかの国籍を選ばなくてはならなかった。

だが今回の法改正により、EU域外からの外国人がドイツ国籍を取っても、出身国の国籍を放棄する必要はなくなった。これは、多くの外国人にとってドイツに長く滞在しようという気を起こさせる措置である。「ドイツの国籍は欲しいが、出身国の国籍を捨てたくない」と思う人は多いからだ。ドイツ政府は長年にわたり、二重国籍について極めて消極的だった。その国が方針をがらりと変えたのは、「ここに定住する移民を増やさないと、経済や社会保障制度がもたない」という危機感の表れだ。

私は、「世界中で地政学的リスクなどが高まっている今日、持っているパスポートの種類は、多ければ多いほど良い」と考えている。「ふるさと」と呼べる場所が多ければ、多いほど良い。私にとって、東京だけではなく、ミュンヘンも「ふるさと」である。ミュンヘンは、東京よりも緑が多く、ほっとする。私はドイツで無期限の滞在許可を持っており、すでにドイツに34年間住んでいる。ドイツ語が自由に話せるほか、帰化申請の際に受ける歴史や地理に関する試験に合格する自信もあるので、帰化の条件を満たしている。しかし日本の国籍を捨てたくないので、ドイツへの帰化は申請していない。もしも日本政府が二重国籍を認めたら、私はドイツのパスポートも申請するだろう。

チャンス滞在権によって就業機会を与える

私は34年間ドイツに住んでいるが、就職氷河期だった1995年～2000年頃に比べると、今では状況が一変し完全な「売り手市場」になった。大学や企業での実習を通じて専門知識を持つ、高技能・高学歴の若者にとって、就職先は選り取り見取りだ。

たとえば大学でサイバー攻撃からの防御技術について学び、高度な知識を持つある女性は、ドイツの大手自動車メーカー、総合電機・電子メーカー、金融サービス企業3社から「うちで働いてほしい」と言われた。この人は、最も高い給料をオファーした金融サービス企業を選んだ。大学で機械工学を学んだある若者は、「私を採用したいと思う企業はいくらでもあるから」と言って、就職前にガールフレンドと1年間、世界一周旅行に出かけた。30年前のドイツに比べると、学生にとっては夢のような時代だ。

ただしこの国で労働力が不足しているのは、高度な知識や技能を持つプロフェッショナルだけではない。公共交通機関、スーパーマーケットからクリーニング店、郵便局、病院、パン屋まで、働き手を募集している。私が住むミュンヘンの市営交通局は、乗務員不足のためにバスの本数を減らしており、停留所での待ち時間が長くなった。

人手不足が特に深刻なのが、医療・介護部門だ。あるコンサルタント企業が2022年に公表した報告書によると、2035年に医療・介護分野で不足する勤労者の数は、約180万人に達する見込み。私の知人の医師によると、ミュンヘンの大病院でも、コロナ禍以降、集中治療室で働く看護師の数が減ったため、手術を延期しなくてはならない例が増えている。ある医師によると、集中治療室で働ける看護師を育成するには、3

年間かかる。「仕事の厳しさに比べて給料が安い」という理由で看護師が1人でも退職すると、病院にとっては深刻な打撃なのだ。

このためドイツ政府は2023年12月31日から、移民法の中に、「チャンス滞在権（Chancen-Aufenthaltsrecht）」という新しい滞在資格を導入した。この国には、難民として認定されなかったが、健康上・人道上の理由などから、国外追放が延期され、仮滞在を許されている外国人がいる。ドゥルドゥング（Duldung）と呼ばれるこの制度に基づいてドイツに留まっている外国人の数は、2022年の時点で約24万8000人にのぼる。これだけの労働力が働かないでいるのは、もったいない。そこでショルツ政権は、2022年10月30日の時点で、最低5年間ドイツに居住し、反ユダヤ主義、イスラム主義などの過激思想を持たず、法律に違反していない外国人に対して、18カ月間の滞在権を与えることにした。彼らがこの期間にドイツ語を学び、職業に就いて自分で生活の糧を得られるようになれば、長期的な滞在許可を取得することができる。

ドイツではＩＴや金融サービス業などの業種では、大半のドイツ人社員が英語を話せるので、ドイツ語の知識は必ずしも必要ではない。（たとえば、私が知っているインド人の次世代半導体デザイナーは、一言もドイツ語が話せない。彼のスキルはドイツ経済にとって極めて重要なので、言語は二の次なのだ）。

しかし、工場労働者やパン焼き職人、電気工、郵便配達人、看護師、スーパーマーケットの店員、市バスの運転手などの職種では、ドイツ語を話せないと仕事ができない。つまりチャンス滞在権を使ってこの国で働こうとする外国人の場合、ドイツ語をマスターすることが必須となる。

仮滞在期間を何度も延長して、不安定な暮らしを続けている外国人の中には、チャンス滞在権を与えられれば、18カ月の間に就職して、この国に定住する人も現れるかもしれない。そうすれば、労働人口が増える。コロナ禍以降、働き手が減った飲食業界や、医療機関では、喉から手が出るほどそうした人材を欲しがっている。

高技能・高学歴人材の間で日本の人気は低い

このように日本の外の世界では、高技能・高学歴人材の獲得競争が激化している。高度な専門技能を持った人々は、「どの国で働こうかな？」と各国の給与水準や労働条件を比べている。特にリモート勤務が一般化しつつある今日、ハイスキル人材の国際的な流動性はどんどん高くなっている。「デジタル・ノマド（デジタル化した遊牧民、つまりＩＴ特にリモート技術を活用して自由に働く人々）」と呼ばれる彼らは、職種によっては世界のどの地域でも働くことができるからだ。ＩＴや金融サービス業などで高度な知識を持つ彼らは、高い給料、良い労働条件、住みやすそうな国が見つかれば、国境を越えて移動していく。私はそういう外国人たちを何人も知っている。彼らは我々日本人に比べて、はるかに流動性・柔軟性が高い。

ＯＥＣＤは毎年「国際的な高技能・高学歴者にとって魅力が高い国のランキング」を公表している。ＯＥＣＤはこの中で給与水準、税率、機会均等性、家族にとっての環境、将来性、生活の質、差別のなさなどを比べている。このランキングの２０２３年度版によると、ハイスキル市民にとって世界で最も魅力的な国はニュージーランド、第２位はスウェーデン、第３位はスイスだった。38カ国中、ドイツは15位、日本は22位だった。両国ともにもっと努力しないと、他の国に優秀な人材を奪われてしまう。

もちろん日本政府も座視しているわけではない。岸田政権は2023年2月、年収2000万円以上の技術者らが滞在1年で永住権を取得できる制度を導入する方針を打ち出した。世界の有名大学の卒業者が日本で仕事を探せるように、最長2年の滞在も認める。こうした政策の方向性は、正しい。日本政府も就業可能人口の減少を見越して、高技能・高学歴移民を増やす必要性を認識しているのだ。

日本企業の不利な点の一つは、英語力の不足。私が日本で働いていた1980年代に比べて、日本のビジネスパーソンの英語力の低さは大きく改善していない。それに対し、米国やカナダなどに留学した経験を持つ中国人は、ビジネスの交渉に使えるレベルの英語力を身につけている人が多い。せっかく優秀な外国人がやってきても、上司や同僚ときちんとコミュニケーションできない国には長居しない。ドイツの大手企業では、仕事に使える英語力を持つ社員の比率が日本よりも高い。特に管理職になるには、高い英語力が必須の条件だ。

雇用契約書の導入が不可欠

　これ以外にも日本には、ドイツに比べても高技能者・高学歴者を呼び込む上で不利な点がある。それは、日本では外資系企業を除き、雇用契約書がほとんど使われていないことだ。日本はドイツのような契約社会ではなく、「信頼に基づく社会」だからだろうか。

　ドイツでは、全ての企業が雇用契約書（Arbeitsvertrag）を使っている。取締役から、食堂の調理係まで、全ての社員が雇用契約書を持っている。働き手と経営者がこの契約書に署名しない限り、企業に雇われたことにならない。しかも雇用契約は、ふつう無期限であり、3カ月の試用期間が終わった後は、更新する必要はない。

　雇用契約書には、給与額、労働時間、有給休暇日数、試用期間の長さ、退職・解雇の際の事前通告期間などの他、社員の権利や義務が明記されている。契約内容は、一人一人異なる。応募した人は、署名する前に企業と交渉して雇用契約書の内容を変更させることもできる。ドイツの大企業では、イスラエル、インドや中国など様々な国、文化圏から来た人が正社員として働いている。彼らは雇用契約書によって労働条件、権利と義務が明白にされるからこそ、安心してドイツ企業で働くことができる。もしも上司と労働条件などをめぐるトラブルが起き、自分のケースを事業所評議会（企業別組合）や弁護士、労働裁判所に持ち込む際にも、雇用契約書が決定的な意味を持つ。いわゆる「信頼に基づく社会」では、トラブルが起きた時、「言った言わない」の議論になりがちである。したがって書面にしておけば、白黒がはっきりするので、そうしたリスクを減らすことができる。

私は日本のある経済団体で行った講演の後に、参加者に「なぜ日本では雇用契約書が使われていないのでしょうね」と尋ねたところ、ある会社の幹部が「権利意識を持たれると困るからだ」と答えた。私はこの答えに、呆れた。ドイツでは、社員が義務を果たすだけではなく、様々な権利を認められることは当たり前だからだ。私は「こういう考え方をする人が、日本企業に多かったら、高技能者・高学歴者は日本に腰を落ち着けて働かないだろう。優秀な人材は他の国へ行ってしまうだろう」と思った。私は、日本の政府と企業が本当に高技能者・高学歴者の移民を増やしたいと考えるならば、ドイツのような雇用契約書の導入が不可欠だと思う。雇用契約書なしには、外国人は日本で安心して働けないだろう。

現在進んでいる円安も、高技能・高学歴移民を増やすには極めて不都合である。日本に永住を考えない限り、ドルやユーロに対する価値がどんどん下がっていく通貨で給料をもらうことに、ためらいを感じる外国人は多いはずだ。

日本人の意識改革も必要だ。日本人の間には、「欧州や米国では移民問題が深刻化しており、日本は同じ過ちを繰り返すべきではない」と考えている人が少なくない。欧州や米国が、難民の増加に頭を悩ませていることは事実だ。

しかし亡命申請者（難民）と、高技能・高学歴移民をごちゃ混ぜにすることは、禁物である。ほとんどの日本人は、ドイツなどのグローバル企業で働いたことがない。したがって様々な国籍の人が同じ職場で知恵を出し合って働き、協力して企業の収益を高めていく様子を見たことがない。そのため、高技能・高学歴移民が社会や国家にもたらす恩恵について知らないのだ。総務省によると、2023年1月の日本の人口に占める外国人の比率はわずか約2・4％だった。これに対し連邦統計局によると、ドイツの2022年の外国人比率は15％だった。ドイツに帰化した外国人も含めると、その比率は約

29％になる。日本の約10倍だ。つまりドイツは、日本とは比較にならないほど外国人が社会に溶け込んでおり、「外国人慣れ」している。

ドイツの難民と高技能・高学歴移民に対する扱いは、全く異なる。たとえば将来ドイツは、他のEU加盟国と同様に、亡命する資格がない外国人の入国・滞在をこれまで以上に厳しく制限する方針だが、高技能・高学歴移民については逆に門戸を開放し、受け入れ数を積極的に増やす政策を取っている。日本のメディアや日本語のSNSの世界で時々見られる、難民と高技能・高学歴移民の混同は絶対に避けるべきだ。日本社会にとって決してプラスにはならないと思う。

韓国、台湾に大きく水をあけられているデジタル化

もう一つ、日本とドイツで高齢化・少子化が進んでも、GDPの著しい減少を避けるには、デジタル化によって生産性と効率を格段に引き上げることが不可欠だ。日本とドイツでは、他の多くの国に比べてデジタル化が遅れている。スイスのビジネススクール

国際経営開発研究所（ＩＭＤ）は、毎年各国のデジタル競争力のランキングを公表している。ＩＭＤはこの調査によって、各国のデジタル技術の普及度、政府のデジタル化政策などを比較している。２０２３年のランキングを見ると、最もデジタル競争力が高いのは米国、第2位はオランダ、第3位はシンガポールだった。日独に対するＩＭＤの評価は、厳しい。ドイツは64カ国中23位、日本は32位だった。両国は韓国（6位）、台湾（9位）などからも大きく水をあけられている。

私の知り合いの中国人はドイツに帰化している。ドイツの大学で博士号も取り、ドイツ語も母国語同様に話せる、ハイスキル人材だ。この人は、中国を訪問してから、ドイツに帰って来るたびに「なんとこの国ではデジタル化が遅れているのだろうか」と慨嘆する。たとえばドイツの空港などの駐車場では、ほとんどの利用者が入庫する時に紙の駐車券を受け取り、駐車場を離れる直前に駐車券を機械に入れて、現金かクレジットカードで料金を払い、その駐車券を出口でセンサーに当てると遮断機が開くという形式だ。シンガポールのように、事前に登録した車が近づくと遮断機が自動的に開き、料金も自動的に引き落とされるというシステムは、ドイツでは見たことがない。

紙だらけの医療現場

ドイツの医療現場は、今でも紙の洪水だ。個人情報の保護を重視しすぎた結果、米国やイスラエルなどでは当たり前の電子カルテが使われていない。電子カルテを使えば、専門医は患者の病歴、手術歴、検査歴、既往症、常用している薬、アレルギーの有無、麻酔薬に対する反応などの重要な情報や、レントゲン、ＭＲＩ（磁気共鳴画像）、内視鏡の画像などを一瞬の内に共有することができる。患者はスマートフォンやパソコンで、診断書などを見ることができる。電子カルテがあれば、治療方法について、他の医師のセカンドオピニオンを受けるのも簡単だ。

ドイツの多くの病院、医院では紙のカルテが使われている。専門医と手術の執刀医、検査機関などの間の連絡も、オンライン化されていない。患者はＭＲＩの画像が入ったＣＤ‐ＲＯＭを持って、専門医の間を行ったり来たりする。ある専門医の医院には、検査機関が撮影したＭＲＩの画像を見る装置がなかった。彼は、患者を検査医に紹介する際に、紹介状を紙に手で書いている。検査や手術の承諾書なども、手書きだ。

担当医が署名した鑑定書を患者がスキャンして、メールに添付して別の専門医に送るという面倒な作業が毎日のように行われている。

２０２０年のコロナ禍の時に、ある製薬会社の幹部は、「ドイツには電子カルテがなく、専門医の間で重症患者に関する情報の共有が遅れたために、本来は救われるべき命が、失われたケースがある」と語っていた。

ごく最近まで、公的健康保険を持っている患者のための薬の処方箋も、紙だった。医師が署名した処方箋を薬局に持っていき、薬を買わなくてはならなかった。２０２４年１月１日から、公的健康保険に入っている患者の薬の処方箋はデジタル化された（民間健康保険の患者の処方箋は、いまだに紙だ）。

医療費の精算でも、紙を大量に消費する。私はドイツで民間の健康保険に入っている。診療が終わると、医院から請求書が郵便で送られてくる。患者は、医療費の請求書に金額などを手書きで記入して署名し、請求書とともに保険会社に郵送する。保険会社の精算結果も、郵便で送られてくる。保険会社から医療費が自分の銀行口座に振り込まれたら、患者はその金額を医院の銀行口座に振り込む。私は１９９０年からドイツに住んでいるが、このシステムは34年間変わっていない。

先日、ある検査会社に「私の検査費用の請求書をメールで送って下さい」と頼んだら、「個人情報保護の観点から、我が社は請求書をメールで送ることはできません。封書で送ります」という返事が来た。個人情報の保護が、デジタル化を阻む障害の一つとなっている。

電力計のデジタル化はほぼゼロ

ドイツでは、デジタル化が日本よりも遅れている部分がある。それは電力消費量の測定だ。日本の家庭の約90％では、デジタル電力計（スマートメーター）が、市民が実際に使った電力量を、電力会社に伝えている。このため、消費者は毎月実際に使った電力に対して料金を払っている。

ところが、ドイツでは２０２２年の時点でスマートメーターの普及率が０・３％にすぎない。ドイツは欧州でスマートメーターの普及率が最も低い国の一つだ。

私が住んでいるマンションも含めて、大半の家庭が、銀色の円板がグルグル回転するアナログ式の電力計をいまだに使っている。円板を使う電力計と聞いて、「なつかしい」と感じる人もいるだろう。日本の電力会社の社員がこの光景を見たら、あまりの旧態依然ぶりに、びっくりすると思う。

ドイツでは以前の日本と違って、電力計の消費量を調べる検針員はいない。電力消費量は、個人情報なので、第三者が勝手に見ることはできない。ドイツの市民は、団地の地下室などへ行き、管理人に頼んで電力計のある部屋の錠を開けてもらい、メーターに表示されている電力消費量を自分で書き取り、電力会社に申告する。申告をさぼっていると、電力会社が過去のデータを参考に大目に推定するので、実際の電力消費量に基づく料金よりも高くなることがある。

最近では電力会社のウェブサイトにログインして、電力消費量を入力するようになっているが、30年前には申告用紙に自分で電力計の数字を書いて、封筒に入れて郵便で電力会社に送っていた。

ドイツは、冬の寒気をシャットアウトする密閉性の高い二重窓や、ベンツなど内燃機関の自動車のようなメカの塊を作るのは得意だが、デジタル化は遅れている。まだまだアナログがはびこる国なのだ。

　ドイツの電力や医療でデジタル化が遅れている理由の一つは、この国が歴史の教訓から、個人情報の保護を極めて重視しているからだ。ナチスドイツの秘密警察ゲシュタポは、社会のあちこちに密偵を送り込んで、政府に批判的な市民や外国のラジオ放送を聞いている市民を密告させた。第二次世界大戦後の東ドイツ政府も、国家保安省（シュタージ）に密告網を作らせて、教会関係者や西側への逃亡を企てる市民などを監視、摘発した。これらの2つの経験により、ドイツ人たちは政府や企業が個人情報にアクセスしたり利用したりすることを極端に嫌う。デジタル化がなかなか進まない裏には、こうした歴史的な背景もある。EUは世界で最も厳しい個人情報保護法を施行しているが、この法律にはプライバシーを重んじるドイツ人の影響が色濃い。

インダストリー4・0を100%遂行した企業はゼロ?

政府が13年前に鳴り物入りで始めた、製造業のデジタル化計画も遅れている。ドイツ連邦経済・気候保護省、ドイツ工学アカデミー、ドイツ人工知能研究所は2011年のハノーバーメッセ（工業見本市）で、製造業のデジタル化計画「インダストリー4・0」を公表した。その目的は、アナログが中心の製造業界のビジネスモデルを大きく改革して、ドイツの物づくり大国としての地位を守ることだった。

たとえば工作機械と部品、半製品が情報を共有するスマート工場や、完成して顧客に送られた製品と本社のITシステムがリアルタイムで情報を交換して製品の状態を監視し、異常が見つかれば修理や更新などのサービスを能動的に提供するスマート・サービスなどのアイデアが研究されている。

だがインダストリー4・0宣言から13年経った今も、製造現場での実装は進んでいない。オランダの企業コンサルティング企業ベリングポイントとミュンヘン応用科学大学は、2024年1月に「インダストリー4・0を完全に実践した企業は、ドイツにまだ

1社もない」という内容の報告書を公表して、注目された。

これはベリングポイント社が、ドイツの自動車メーカー、機械・プラント製造メーカーなどの幹部104人に対して、インダストリー4・0の進捗度について実施した、アンケート調査の結果だ。

報告書によると、回答企業の96％が「製造業におけるインダストリー4・0の意味は、今後も増加する」と答え、81％が「今後数年間にインダストリー4・0関連技術に投資する方針だ」と答えた。つまりインダストリー4・0がドイツのメディアでほとんど報じられなくなった今も、製造業界ではこのプロジェクトへの関心が高いのだ。ただしこの報告書によると、回答企業の中で「インダストリー4・0を完全に実施した」と答えた企業は1社もなかった。回答企業の73％が、「人間が行っているアナログ工程を機械によって代替しようとしている」と答えた他、69％が「製造に関するデータの収集、把握に取り組んでいる」と答えた。回答者の58％は、クラウドシステムの導入すら実現していなかった。つまりインダストリー4・0から13年経った今でも、大半のメーカーは、製造工程のデジタル化のために悪戦苦闘を続けているのだ。

インダストリー4・0の実現が遅れている最大の理由は、資金と人材の不足だ。「インダストリー4・0の実現を阻んでいるのは何ですか」という問いに対して、回答者の63％が「資金と時間の不足」と答えた。55％は、「テーマが複雑すぎる」と答えた他、39％は「インダストリー4・0を実施するために必要な技能を持った人材の不足」を挙げた。つまりここでも、高技能人材が足りないことが足枷（あしかせ）となっている。

ドイツ・IT・通信ニューメディア産業連合会（Bitkom）が2024年2月に公表したアンケート結果でも、回答企業の48％が、「デジタル化された製品やサービスの開発に苦労している」と答えた。この比率は、「困難を感じていない」と答えた企業（20％）の比率を大きく上回っている。

インダストリー4・0の普及は2050年？

インダストリー4・0構想の提唱者の一人であるドイツ人工知能研究所のヴォルフガング・ヴァールスター元所長も、2021年4月に公表されたインタビューの中で、「我々がインダストリー4・0宣言を行ってから10年経ったが、ドイツで完全にインダストリー4・0に切り替えた生産設備は、全体の10％に留まっている。その理由は、ドイツの大半の工場で在来型の生産方式が使われているからだ。これらの工場を短期間にデジタル化するのは難しい。全ての生産設備をインダストリー4・0に切り替えるには、少なくともまだ10年はかかる」と語っている。

インダストリー4・0の普及には、まだ30年以上かかるという見方もある。ドイツの有力日刊紙フランクフルター・アルゲマイネ（FAZ）のゲオルグ・ギアスベルク記者は2019年1月22日に公表した社説で、「ドイツの産業界がデジタル化について前進したのは事実だが、インダストリー4・0に詳しい専門家の間では、真に自動化された生産設備が普及するのは、早くても2050年頃になるだろう」という見解を述べている。

さらに辛口の意見もある。2023年10月12日付のFAZは、ドイツ機械工業会（VDMA）のソフトウエア・デジタル部会のミヒャエル・フィンクラー会長（中小企業向けソフトウエアの開発メーカー・プロアルファ社の社長）の「2011年のインダストリー4・0宣言にもかかわらず、ドイツ製造業界の生産性はほとんど改善されていない。機械製造部門の生産性はむしろ下がった」という批判を紹介している。フィンクラー会長は、「多くの企業ではデジタル化は進んでいない。インダストリー4・0宣言以来の歳月は、ドイツにとって失われた10年間だった。アマゾンなどが製造業界向けデジタル・プラットフォームの構築を進める中、ドイツは大幅に遅れを取った」と指摘している。

企業の規模によりデジタル化に格差

デジタル化の進捗状況には、企業の規模によって大きな差がある。ジーメンス、フォルクスワーゲン、ＢＭＷ、ボッシュなどの大企業では予算や人材が豊富であるため、製造やデザインのプロセスなどのデジタル化が進んでいる。これに対し、ドイツ企業の99％を占める中小企業ではデジタル化が進んでいない。その理由はリソースが大企業に比べて少ないことの他に、デジタル化によってその企業独自のノウハウなどの技術データが漏洩することに対する懸念もある。

図表5-2　独企業のインダストリー4.0への関心の変化

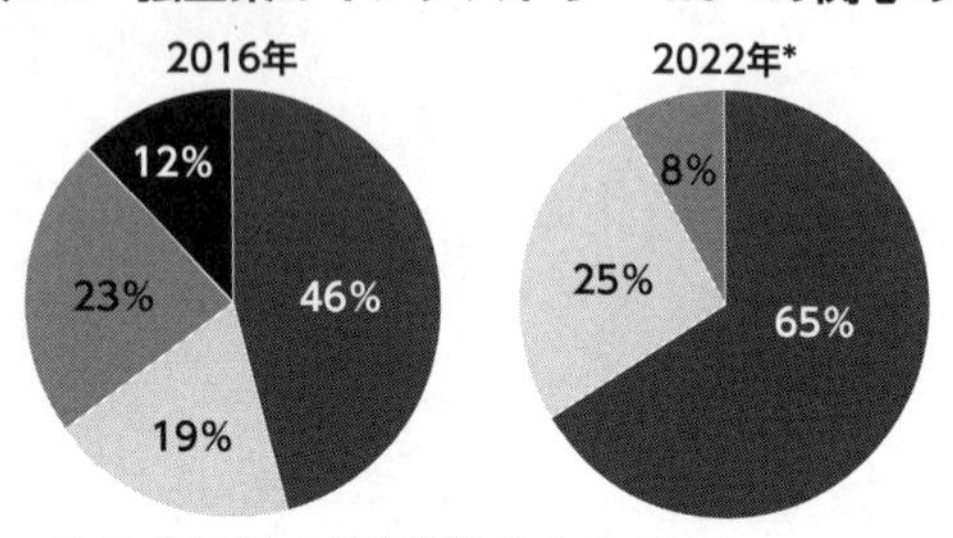

■ インダストリー4.0関連技術をすでに使っている
■ インダストリー4.0関連技術の導入を計画している
■ インダストリー4.0関連技術をまだ導入していないが、将来導入することは考えられる
■ 我が社にはインダストリー4.0は関係ない

出所：Bitkom
編注：2022年は合計100%にならない。足りない部分は不明または無回答と推測される

ただしインダストリー４・０に対する消極的な態度が徐々に薄れていることは事実だ。特に２０２０年のコロナ禍によるロックダウンの経験から、多くの中小企業も生産工程の自動化、リモート化を進めることの重要性を理解した。

Bitkomは、毎年インダストリー４・０の進捗状況に関する統計を発表している。Bitkomが２０２２年４月に公表したアンケート結果（従業員数が１００人以上の製造企業５５３社に対して実施）によると、回答企業の90%がインダストリー４・０関連技術を少なくとも部分的に使っているか、導入を計画していると答えた。その比率は

２０１６年（65％）に比べて25ポイント増加した。２０１６年には回答企業の12％が、「我が社にはインダストリー４・０は関係ない」と答えていたが、２０２２年の調査では無関心な企業の比率はゼロだった。（「インダストリー４・０関連技術をすでに使っている」と答えた企業には、この技術を部分的に導入した企業も含まれている）。

これらの数字は、多くの企業がコロナ禍を経験して、デジタル化の重要性を理解したことを示している。

そうした中、２０２３年に自動車業界が製造業のデジタル化へ向けて、重要な一歩を踏み出した。ドイツの自動車・ＩＴ業界は、サプライチェーンや二酸化炭素排出量などに関するデータを共有するエコシステム「カテナ‐Ｘ」を10月16日に始動させた。

カテナ‐Ｘは、２０２１年にＢＭＷ、メルセデス・ベンツ、自動車部品メーカーＺＦ、ソフトウエアメーカーＳＡＰなどが創設した。２０２４年４月17日の時点でドイツ、米国、中国、日本などの約１７９社が参加している。自動車メーカー、原材料の調達企業、サプライヤー、リサイクル企業などが、クラウドシステムに接続して他社とデータを共有する。業界全体がデータ連携を図る試みは、世界で初めてだ。

最大の目的は、サプライチェーンの強靭化だ。ドイツの自動車業界では、コロナ禍やウクライナ戦争の際に、半導体や部品の不足により、一部の工場で生産活動が中断した。カテナ-Xの参加企業は、原料や素材、部品が不足する兆候を即座にキャッチし、新しい調達先を探すことができる。生産中断による損害を最小限にするための、早期警戒システムだ。

もう一つの目的は、監督官庁への報告義務の対応だ。欧州では、EUなどに二酸化炭素(CO_2)の排出量、希少な非鉄金属のリサイクル率などについての報告義務が増加している。製造企業は、強制労働や児童労働など、人権侵害が行われている国からの原材料や部品がサプライチェーンに紛れ込んでいないかどうかについても、監視することを法律で義務付けられている(人権デューデリジェンス)。

カテナ-Xを使うとサプライチェーンからの実際のCO_2排出量を測定することができる。また、人権侵害が疑われる国からの原材料などが使われていないことを迅速に確認できる。カテナ-Xのデータ・チェーンは高いトレーサビリティ(追跡可能性)を持つ。部品に欠陥があった場合、どの製品に欠陥部品が使われているかを短期間で把握することができ、リコールの台数を最小限に抑えられる。カテナ‐Xに関わったドイツ人の技術者は、「欠陥部品・ソフトウエアが使われている製品の調査には、莫大なリソースが必要になる。カテナ‐Xを使えば、時間と費用を節約できる」と語っている。

ＥＵは２０２６年からＥＶ用のバッテリーパスポートの発行を義務付けるが、カテナ‐Xを使えばＣＯ$_2$排出量、人権デューデリジェンス、原材料のリサイクル率などのデータを迅速に把握することができる。ＥＵは２０２４年に重要原材料法（ＣＲＭＡ）を施行し、ＥＶのモーターに使われる永久磁石に不可欠な希土類（レアアース）などについて、域内でのリサイクルを強化する方針だ。「特定の素材がどの部品にどれだけ使われているか」を迅速に把握できるカテナ‐Xは、循環型経済への移行にとっても重要なツールだ。

カテナ‐Xはインダストリー４・０の最初の実装例

元々、「データを他社と共有することによって、効率を高める」というのは、インダストリー4・0の提唱者たちの発想だった。

私はインダストリー4・0の提唱者の1人で、ドイツ工学アカデミーの会長だったヘンニヒ・カガーマン氏にインタビューしたことがある。カガーマン氏は、「競争に関わるデータとそうでないデータを区別することが重要だ。競争に関係ないデータは、他社と共有して生産性を高めるべきだ」と語った。カテナ-Xは、その発想を具体化する世界最初のエコシステムである。これまで自動車メーカーと部品メーカーがエコシステムを構築してデータを共有するケースはあったが、業界全体で共有する試みはなかった。

ドイツ政府は、カテナ-Xを、インダストリー4・0を産業規模で実装する最初のケースと位置付け、1億ユーロ（170億円）の助成金を投じて支援している。

たとえばカテナ-Xの技術開発陣はManufacturing as a Service（MaaS）つまり「サービスとしての生産」のアプリケーションを開発する方針だ。MaaSを利用すると、部品などを必要とする企業が自社の生産キャパシティーに余裕がない場合にも、カテナ-Xのプラットフォームを通じて、生産を発注することができる。生産キャパシティーに余裕がある企業は、プラットフォーム上で価格・条件などについて交渉して、合意が成立すれば部品を生産する。これにより各社は、資本やキャパシティーの活用を最適化できる。ＭａＳは、インダストリー４・０の応用であるスマート・サービスの一環として生み出された構想である。

またカテナ‐Ｘでは、データ・チェーンの中に製品や部品の「デジタル・ツイン（デジタルの双子）」を作って、強度や耐久性などに関する試験を実施するサービスも想定されている。デジタルの双子を使うことで、参加企業は実物や模型を使う試験に比べて費用を節約することができる。デジタルの双子も、インダストリー４・０の開発過程で提唱された手法である。

ドイツ政府は、エコシステムによるデジタル連携が自動車業界で成功した場合、機械製造、化学、製薬など他業種にも拡大する。この計画はマニュファクチャリング‐Ｘと呼ばれている。

カテナ‐Ｘの運営機関は、部品メーカーなど、自動車業界で重要な役割を演じている中小企業に対し、カテナ‐Ｘへの参加を積極的に呼びかけている。これまで中小企業は、資本や人材不足のために、インダストリー４・０の導入には消極的だった。カテナ‐Ｘ

を通じて、中小企業がインダストリー4・0関連技術を利用することができるようになれば、製造業界のデジタル化がこれまでよりも進む可能性がある。

カテナ - Xは、日本の製造業界にとっても重要な試みだ。日本の経済産業省が2023年4月に公表したデジタル連携プロジェクト「ウラノス」には、自動車業界も含まれている。日本自動車工業会なども、蓄電池のトレーサビリティを高めるエコシステムの構築を目指している。日本側は、2023年6月に開かれたインダストリー4・0の日独フォーラムで、「カテナ - Xと共同で作業し、将来はウラノスと接続することを検討している」と発表している。

就業可能人口の減少が進む日独にとって、製造業のデジタル化によって生産性を高めることは、重要な課題だ。その意味で、カテナ - Xとウラノスは、人口動態の変化による生産性の悪化を食い止めるための、第一歩になるかもしれない。

日本政府と経済界には、将来就業可能人口が減る時代にも、名目GDPの大幅な減少を避けるために、高技能・高学歴移民数の受け入れと、デジタル化に力を入れてもらいたい。

あとがき

日本人の中には、「1日の労働時間は短く、休暇もまとめて取り、人口は日本より約3分の1少ないドイツが、名目GDPで日本を抜いたのは不思議だ」と思う人が多い。それだけではない。彼らは日本人よりも短い時間しか働いていないのに、我々よりも多く稼いでいる。ドイツ人の中には、「同じ成果を生むには、かける時間と投入するエネルギーは少ないほどよい」と考える人が多いが、これは本来日本にもあてはまるはずだ。

私は、この順位逆転劇を、我々の働き方を見直して労働生産性を高めるためのきっかけとするべきだと考えている。我々日本人は、もっと効率的に働くべきだと思う。

だが本書で詳しくお伝えしたように、ドイツも日本同様に就業可能人口の減少という深刻な現実にさらされている。ＧＤＰ減少を食い止める上で鍵となる高技能・高学歴移民の受け入れと、デジタル化は両国とも緒に就いたばかりだ。

インドなど新興国に抜かれて「たそがれ国家」への道を転がり落ちてゆく前に、日独が情報を共有し、経済活動の効率化と生産性向上への道を探ることは、重要である。

この本が、読者の皆さんが日本の将来について考える上で一助となれば、筆者としては望外の喜びである。本書を世に出して下さったワニブックスの大井隆義氏に御礼を申し上げる。

２０２４年８月　ミュンヘンにて

【参考WEBサイト・資料】

国際通貨基金（IMF）
https://www.imf.org/en/Publications/WEO/Issues/2023/10/10/world-economic-outlook-october-2023

経済協力開発機構（OECD）
https://data-explorer.oecd.org/

欧州中央銀行
https://www.ecb.europa.eu/home/html/index.en.html

欧州委員会
https://commission.europa.eu/index_de

欧州連合統計局
https://ec.europa.eu/eurostat/de/home

ドイツ連邦統計局
https://www.destatis.de/DE/Home/_inhalt.html

ドイツ連邦経済・気候保護省
https://www.bmwk.de/Navigation/DE/Home/home.html

内閣府
https://www.esri.cao.go.jp/jp/sna/data/data.html

ドイツ工学アカデミー
https://www.acatech.de/

カテナ-X
https://catena-x.net/de/

ドイツ産業連盟（BDI）
https://bdi.eu/

ドイツ連邦エネルギー・水道事業連合会（BDEW）
https://www.bdew.de/

ARD（ドイツ公共放送連盟）、フランクフルター・アルゲマイネ（FAZ）、NHK、日本経済新聞、Der Spiegel、Die Zeit、Süddeutsche Zeitung、Welt、Handelsblatt, T-Onlineなど

ドイツはなぜ日本を抜き「世界3位」になれたのか

〝GDP逆転〟納得の理由

2024年9月10日　初版発行

著者　熊谷 徹

熊谷 徹（くまがい・とおる）
1959年東京生まれ。早稲田大学政経学部卒業後、NHKに入局。ワシントン支局勤務中に、ベルリンの壁崩壊、米ソ首脳会談などを取材。90年からはフリージャーナリストとしてドイツ・ミュンヘン市に在住。著書に、『次に来る日本のエネルギー危機』、『ドイツ人はなぜ、1年に150日休んでも仕事が回るのか』（青春出版社）、『住まなきゃわからないドイツ』（新潮社）、『なぜメルケルは「転向」したのか』、（日経BP）、『偽りの帝国　緊急報告・フォルクスワーゲン排ガス不正事件の闇』（文藝春秋）など多数。『ドイツは過去とどう向き合ってきたか』（高文研）で2007年度平和・協同ジャーナリズム基金賞奨励賞受賞。

発行者　髙橋明男
発行所　株式会社ワニブックス
〒150-8482
東京都渋谷区恵比寿4-4-9えびす大黒ビル
ワニブックスHP　https://www.wani.co.jp/
（お問い合わせはメールで受け付けております。
HPより「お問い合わせ」へお進みください）
※内容によりましてはお答えできない場合がございます

装丁　小口翔平＋村上佑佳（tobufune）
フォーマット　橘田浩志（アティック）
校正　東京出版サービスセンター
編集　大井隆義（ワニブックス）

印刷所　TOPPANクロレ株式会社
DTP　株式会社 三協美術
製本所　ナショナル製本

定価はカバーに表示してあります。
落丁本・乱丁本は小社管理部宛にお送りください。送料は小社負担にてお取替えいたします。ただし、古書店等で購入したものに関してはお取替えできません。

ISBN 978-4-8470-6706-8
WANI BOOKOUT　https://www.wanibookout.com/
WANI BOOKS NewsCrunch　https://wanibooks-newscrunch.com/